BALLETS

ET

MASCARADES DE COUR

SOUS HENRI IV ET LOUIS XIII

(de 1581 à 1652)

Recueillis et publiés d'après les éditions originales
la plupart introuvables aujourd'hui

PAR

M. Paul LACROIX

TOME DEUXIÈME

GENÈVE

CHEZ J. GAY ET FILS, ÉDITEURS

1868

BALLETS
ET MASCARADES DE COUR

GENÈVE. — IMPRIMERIE A. BLANCHARD.

BALLETS
et
MASCARADES
DE COUR
DE HENRI III A LOUIS XIV
(1581-1652)
recueillis et publiés, d'après les éditions originales
PAR M. PAUL LACROIX
conservateur de la bibliothèque de l'arsenal

TOME DEUXIÈME

GENÈVE
CHEZ J. GAY ET FILS, ÉDITEURS
1868

BALLET DES ARGONAUTES

OU ESTOIENT REPRESENTÉS

GUELINDON DANS UNE CAISSE

COMME VENANT DE PROVENCE

ET ROBINETTE DANS UNE GAINE

COMME ESTANT DE CHASTELLERAULT

ce jeudy vingt-troisiesme jour de janvier 1614 au Louvre (¹)

---

(1) A Paris, par Fleury Bourriquant, en l'Isle du Palais, rue Traversante, aux Fleurs Royales, 1614, in-8.

BALLET
DES
ARGONAUTES

Circé la magicienne sortira la premiere de son antre, qui sera dressé au bout de la salle, tout entouré de rochers. Elle invoquera les Demons aeriens qui seront les violons, et leur commandera de venir agiter et troubler par leurs discordantes voix et musiques, les esprits des Argonautes, qu'elle tient enchantés dans cet antre.

Après qu'il seront entrés, elle invoquera derechef les esprits infernaux, qui seront les Pages, et les conjurera de tourmenter aussi ces âmes enchantées. Soudain que les violons joüeront, les enchantés sortiront de l'antre, chacun dans une machine qui representera leur fantasque imagination, et l'un d'eux, qu'ils croiront estre Medecine, essayera de les guerir, et mesme les fera sortir de leurs machines; mais ils demeureront encore plus fols, et Circé les fera rentrer tels dans son antre.

Amphion, accompagné des Muses, entrera

alors, qui chantera qu'ayant sçeu que Circé ose faire voir ses enchantemens devant le pouvoir d'un si grand monarque que le Roy, et les charmes d'une si belle princesse que la Royne, il vient par sa douce voix attirer les rochers, dont est basty l'antre de Circé, non pour en construire les murs de Thebes, comme il fit autrefois, mais bien des arcs de triomphe pour leurs Majestés.

A sa voix, ces rochers s'esmouveront, et s'approchant du Roy et de la Royne, seront remis en forme d'hommes, comme ils souloient estre avant leur enchantement, et danceront aussitost leur Ballet.

Immediatement après entrera Medée, suivie de douze harpies, joüans du luth et dançans. Elle chantera qu'ayant sçeu que Circé tient les Argonautes, elle la vient advertir qu'ils ne seront pas longtemps arrêtés par ses charmes, puisque les siens et sa beauté mesme n'en ont sçeu tenir un seulement.

Circé, voyant ses charmes deffaicts, ressortira chantant la recognoissance qu'elle fait des pouvoirs de ces grandes Majestés, à qui elle rendra hommage, et pour l'amour d'elles, rendra leur premiere forme et sagesse aux Argonautes enchantés, qui sortiront lors de l'antre, habillés en parade, et danceront leur grand Ballet; devant eux marcheront douze Pages, encore habillés en escureuils, qui danseront, et douze autres violons representans les Sirenes.

ARGONAUTES

PREMIERES INVOCATIONS DE CIRCÉ

Demons, esprits legers, essences vagabondes,
    Rois de l'air et des ondes,
    Ombres, fantosmes vains,
Quittez vos elements, vestez des corps sensibles
    Et vous rendez visibles,
    Comme sont les humains.

Venez troubler icy des esprits frenetiques,
    Par vos sons fantastiques
    Sans ordre compassés,
Agitez leurs cerveaux d'une ardente manie,
    Et qu'à vostre harmonie
    Ils soient tous insensés.

SECONDES INVOCATIONS DE CIRCÉ

Et vous, hostes cruels des Avernes terribles,
    Fureurs, larves horribles,
    Sortez du creux sejour ;
Suspendez pour un temps les peines eternelles
    Des âmes criminelles
    Et revenez au jour.

Circé, l'effroy des cieux et du monde où nous sommes,
    De qui le charme aux hommes
    Oste et rend les esprits,
Vous invoque aujourd'huy pour brouiller les cervelles
    De mille erreurs nouvelles,
    A tous ceux qu'elle a pris.

Surtout je veux punir ces quatorze Colchides,
Inconstants et perfides,
Et me servir de vous
Pour en venger Medée et leur donner pour elle
Ce que son infidelle
A merité pour tous.

AMPHION ET LES MUSES

AU ROY ET A LA ROYNE

Françoises Deités, qui faites qu'on respire
Sous un regne si doux,
Que Jupiter, voulant bien regir son Empire,
Doit l'apprendre de vous ;
L'Olympe nous quittons pour voir
Et pour adorer vostre aimable pouvoir.
En voyant aujourd'huy Circé la temeraire
Se monstrer à vos yeux,
Et, folle, mesurer à l'aulne du vulgaire
La puissance des dieux,
Je viens, je viens luy monstrer que les Rois
Mesprisent ses charmes et donnent les loix.
Ma douce voix defait les effets de ses charmes
Qu'elle tenoit si chers,
Arreste ses projets et la dompte sans armes
Attirant ses rochers,
Rochers, rochers, dont je feray sans mains,
Des arcs de triomphe au lieu des murs Thébains.

Je veux, dis-je, eslevant ces esternelles marques
    De l'immortalité,
Apprendre vos beaux faits, malgré la faux des Parques,
    A la posterité,
  Et vous faire, entre les mortels,
Eriger un Temple, et dresser des autels.

CIRCÉ A LA ROYNE

Pour la seconde fois, belle et grande Princesse,
    Adorable déesse,
    Je parois en ces lieux,
Non pour egaler plus ma science à vos charmes,
    Qui surmontent les âmes
    Des hommes et des Dieux ;
Mais bien pour deferer tout l'honneur et la gloire
    D'une entiere victoire
    A vos beaux yeux vainqueurs ;
Beaux yeux qui tiennent seuls le principe des flammes,
    Le Paradis des âmes
    Et l'empire des cœurs.
Vostre infiny pouvoir en ce point me surmonte
    Qu'icy bas je ne dompte
    Que des fols signalés,
Et vous y possedez tous les meilleurs courages,
    Et mesme rendez sages
    Les plus ecervelés.
Pour contenter Medée et venger ses injures,
    J'arrestois ces parjures
    Avecques son Jason ;
Mais vous brisez mes fers, changez mes artifices,
    Rompez mes edifices,
    Et forcez ma prison.

GUELINDON AU ROY

Grand Roy de qui la gloire avec l'âge s'accroit,
Il est vray que mon nom sur les autres paroit,
Et que tous en leurs chants me font un sacrifice;
Mais je promets pourtant, en foy de Guelindon,
Que s'il s'offre jamais un sujet de service,
Je rendray mes effects plus cognus que mon nom.

GUELINDON A LA ROYNE

Royne à qui nos raisons consacrent des autels,
Lassé de me voir croistre en couplets immortels,
Et de parler toujours ou des uns ou des autres,
Je viens, sous une feinte, à vous me retirer
Pour ne parler jamais que pour vous admirer,
Et faire tous effects pour adorer les vostres.

GUELINDON AUX DAMES

Ce fameux Guelindon qu'icy je represente,
Pour s'estre trouvé seul avec une servante,
Qui mit incontinent l'honneur à l'abandon;
Mais si j'avois de vous ce qui me pourroit plaire,
Je jure par la foy d'un autre Guelindon,
Que j'en ferois bien plus, et ne sçaurois mieux faire.

ROBINETTE AU ROY

Comme une fille abandonnée,
J'ay couru le long d'une année,
Sans pouvoir trouver de support;

Mais vous obligeant mon servage,
Je ne sçaurois en meilleur port,
Me mettre à l'abri du naufrage.

ROBINETTE A LA ROYNE

Grande Royne, qui tous les ans,
Ou par aumosnes, ou par presens,
Mariez tant de pauvres filles,
Faites-moy cette charité;
Si je ne suis des plus gentilles,
Je n'ay pas moins de volonté.

ROBINETTE AUX DAMES

Je suis Robinette en habit;
Mais si d'un changement subit,
Sans vous tromper à mon visage,
Vous me vouliez prendre à l'essay,
Je monstrerois bien que je sçay
Comme il faut frotter le mesnage.

FIN.

VERS DIVERS

SUR LE

BALLET DES DIX VERDS

AVEC LES

CHANSONS QUI Y ONT ESTÉ CHANTÉES

au Louvre, devant le Roy et la Royne, ce jeudi trentiesme jour de janvier 1614 [1]

---

[1] Paris, Fleury Bourriquant, 1614, in-8 de 16 pages.

LES DIX VERDS

AU ROY

Grand Roy, l'amour du ciel et l'honneur de la terre,
L'olive et le laurier (dont les branchages verds
Vous sacrent Dieu de paix, aussi bien que de guerre)
Sont peints en la couleur dont nous sommes couverts.
Le destin vous donnant la fortune parfaicte,
De ces divers rameaux, vostre devise a faicte :
Si l'olivier trop vieux commence de fanir,
Vostre espoir en ces verds mille lauriers reserve,
Qui par tout l'Univers se doivent espanir,
Pour mieux faire florir le rameau de Minerve.

LE SUBJECT DU BALLET DES DIX VERDS

AU ROY

Pour l'amour du fils de Cypris,
Ceste couleur nous avons pris ;
Car tant il ayme la verdure,
Ces arbres sont des Myrthes verds,
Pource que leur feuillage dure,
Contre l'injure des hyvers.

Tout ce qu'enfante un mois de May,
De beau, de gracieux et de guay,
En un jour void sa gloire esteinte.
Le seul verd ne peut pas mourir,
Et Saturne n'a point d'atteinte
Qui luy deffende de mourir.

Verds d'âge, comme de valeur,
Nous vous offrons ceste couleur,
Ainsi qu'Amour le nous commande ;
Mais laissons-là ces habits verds,
Je vois vostre œil qui nous demande
Pourquoy nous sommes tous divers.

Chasque saison, chasque element,
Chasque astre est fait diversement ;
Et tout iroit à la renverse,
Si par des changements divers,
La Nature tousjours diverse
N'entretenoit cest Univers.

Ce que l'onde, la terre et l'air
Mouille, soustient et fait voler,
Se produict de diverse forme.
Le plus divers est le mieux peint,
Et la clarté seroit diforme,
Si tout estoit de mesme teint.

Rien n'est semblable en l'Univers ;
Tous les cieux sont-ils pas divers,
Comme diverse leur cadance ?
Pourquoy donc ne ferions-nous pas
Diversement en ceste dance,
Et nos figures et nos pas ?

Vous sçavez que nous sommes verds,
Et que nous sommes tous divers;
Demandez-vous le nombre encore?
Nous sommes dix comme les cieux,
Que l'œil d'un grand Soleil redore,
Comme Apollon ceux-là des Dieux.

Donc, qu'au levant de nos clartés,
Tous autres feux soient escartés;
Car le mobile qui nous vire,
Et l'œil sur nous se repandant,
Tous les autres flambeaux attire
De nostre Aube à leur Occident.

CHANSON POUR L'ENTRÉE

AU ROY

Il nous faut quitter ce parterre,
Puis qu'un destin plus gracieux,
Sortans d'un Jardin de la terre,
Nous ouvre un Paradis des cieux :
Soleil, puisque nous t'approchons,
C'est bien le ciel que nous touchons.

Le sein de l'odorante Flore,
Peint de tant de diverses fleurs,
Pour l'amour de toy nous colore
De la plus riche des couleurs:
Des thresors de son renouveau,
Te donnant ce qu'elle a de beau.

Encor au printemps de nostre âge,
Autant que petits de pouvoir,
Grands d'amour comme de courage,
Nous sommes revestus d'espoir ;
Car les Dieux nous en ont couverts,
Pour te promettre l'Univers.

Beaux lys, que vous avez de gloire,
Quand l'espoir qui nourrit nos cœurs,
Finissant comme sa victoire,
Partout vous aura mis vainqueurs :
Tout le monde en sera couvert,
Et lors nous laisserons le verd.

Grand Roy, si nos esbats folastres
Profanent un enfant des Dieux,
Ce sera pour estre idolastres,
Plustost que peu devotieux.
Car nous donnons à tes autels
Plus qu'à ceux-là des immortelz.

A LA ROYNE

Belle Regente de nos terres,
Dont les regards riches d'appas,
De chasque traict que tu desserres,
Donnent la vie ou le trespas ;
Belle Aurore, dont le resveil
Nous fait naistre un si beau Soleil ;

Benit soit l'astre debonnaire,
Dont ta naissance vist l'aspect;

Tousjours pour toy nous puissent plaire
L'amour, la crainte et le respect :
Belle Aurore, dont le resveil
Nous fait naistre un si beau Soleil.

AUX DAMES

CHANSON

Cachez, beaux yeux, les amoureuses flammes,
    Dont vous blessez si fort
Nos jeunes ans, deffendant à nos âmes
    D'en recevoir l'effort.
  Amour, pour toy nous avons pris
  L'espoir, et non pas le mespris.

Pour nous monstrer aux yeux de nos Dianes,
    Dont nous aimons les loix,
Toutes couleurs nous sont couleurs profanes,
    Fors celle-là des bois.
  Amour, pour toy nous avons pris
  L'espoir, et non pas le mespris.

Nous salüons les Deïtez de France,
    Sans leur parler d'amour :
Mais nostre verd tesmoigne l'esperance
    D'en traicter quelque jour.
  Amour, pour toy nous avons pris
  L'espoir, et non pas le mespris.

SUR LES DIX VERDS

AU ROY

Le Ciel, amy de la nature,
Couvrit la terre de verdure,
Avant son ouvrage parfait,
Faisant voir sous ceste apparence,
Le bien, qui n'estoit en effect,
Estre du moins en esperance.

L'honneur qui fist nostre naissance,
Pour la fortune de la France,
Nous a de ce verd revestus,
Pour tesmoigner avant nos aages,
Que les plus celebres vertus
S'espereront de nos courages.

Couleur en beauté la premiere,
Aymable comme la lumiere,
Tu nous feras ombre tousjours,
Ou près ou loin de nostre terre,
Dessous les myrthes en amour,
Ou sous les lauriers en la guerre.

Grand Roy, nos futures delices,
Sous le bon-heur de vos auspices,
A vostre exemple genereux,
Nous ferons, suivant les Oracles,
De votre Empire bien heureux,
Un vray Empire de miracles.

Vos yeux animant nostre audace,
Nous ferons porter dans la Thrace
La sacrée tige de nos lys,
Et des plus redoutés courages,
Les vieux honneurs ensevelis
Rendront aux nostres des hommages.

Beautés, du rang des immortelles,
A qui nos services fidelles
Destinent un jour des autels,
Nous naquismes sans exemplaire,
Et le Ciel, qui nous a fait tels,
N'en avoit point d'autres à faire.

Soit pour d'une grâce discrette
Cacher une flamme secrette,
Ou bien pour aimer constamment :
Ainsi les Dames et les armes
Nous feront estre egalement
Parfaits amoureux et gens d'armes.

A LA ROYNE

Image vivante des Dieux,
Qui d'un doux attrait de vos yeux,
Ou pour l'amour, ou pour l'Empire,
Donnez des charmes et des loix,
Si divins, que l'on ne respire
Que vos appas et vostre voix ;

Grande Royne, dont le pouvoir
Nous fait dedans la France voir
Des miracles non imitables ;

Dix verds vous viennent protester
Des asseurances veritables
Du bien qu'ils feront esclatter.

Dix verds de figure et de port,
Un jour le fortuné support
Des lys, des loix et de la France,
Offrent en leurs jeunes esbats
Ce que peut donner leur enfance
D'esperance dans les combats.

Vous qui tenez l'espoir de tous,
Qui d'un mouvement grave, doux,
Tenez tant d'âmes asservies,
Faites qu'ils puissent esperer
Que vous agréez leurs envies,
Puis qu'ils l'oserent desirer.

AUX DAMES

Le vert que nous portons au corps,
D'Amour et du printemps l'image,
Est pour tesmoigner par dehors
La verdeur de nostre courage.

Le ris, la grâce et le plaisir,
Tout le bon-heur de la nature,
Et l'espoir qui fait le desir
Se couvrent de ceste peinture.

Les beautez qui sont en verdeur,
Sont d'ordinaire plus aymées,

Elles redoublent nostre ardeur,
Et sont plus longtemps estimées.

Un teint frais, un sein grossissant,
De jeunes pointes my-ecloses,
Combien nous va-il caressant
De l'espoir des lys et des roses ?

Pour celles dont l'aage s'accroist,
Et la beauté s'en va fanée,
Ou nostre courage decroist,
Ou nostre flamme est profanée.

Vous-mesmes, de nostre printemps,
Trouvez la verdeur plus aymable,
Ou pour le goust du passetemps,
Ou pour en estre plus durable.

Ceux dont l'aage ride le front,
Et la saison est demy-morte :
Les Dames leur font un affront,
Ou l'amour leur ferme la porte.

Le Ciel efface ces ennuis
Quand de verd la terre est couverte,
Et ce me semble les bons fruicts
Ont d'ordinaire la queue verte.

Aymez donc ce verd ornement
Et la brigade qui le porte ;
Hors l'esprit et le jugement,
Le verd est bon de toute sorte.

AUX DAMES

CHANSON

Mes Dames, ceste jeune bande,
Pleine d'amour et de verdeur,
N'a cœur, ny veine qui ne tende
A vous monstrer avec ardeur
Qu'ils sont verds en tous les combats
Qu'Amour et Mars font icy-bas.

Vous les croirez plus fols que sages,
Et direz qu'ils sont pleins de vent ;
Mais vous verrez par leurs courages
(Si vous les allez esprouvant),
Qu'ils sont verds en tous les combats
Qu'Amour et Mars font icy-bas.

Leur valeur surpasse leurs tailles,
Leur esprit surmonte le corps ;
En amour et dans les batailles
Ils feront voir par leurs efforts,
Qu'ils sont verds en tous les combats
Q'Amour et Mars font icy-bas.

Mais qu'ay-je dit, ô belles âmes ?
Ce ne sont pas icy vos gens ;
Ils sont trop petits pour les Dames,
Elles en veulent de plus grands,
Qui se montrent verds aux combats
Que l'Amour fait faire icy-bas.

LES MESMES DIX VERDS

AU ROY

Les dix verds, ô grand Roy, vous offrent ces dix vers :
Et si de vostre esprit les miracles divers
Se pouvoient en dix vers chanter par nostre Muse,
Nous les ferions ouyr ; mais ce qui nous excuse,
Sont vos perfections qu'on ne sçauroit nombrer,
Et qui se peuvent mieux croire que celebrer.
Ces dix verds sont divers, seulement à la dance ;
Mais de zele et de cœur, pour vous et vostre France,
Ils ne sont point divers : car leur plus douce loy
Est de vivre et mourir pour l'amour de leur Roy.

FIN

DESCRIPTION

DU

BALET DANSÉ A ROME

PAR DES

CAVALLIERS FRANÇOIS

ENVOYÉE A UN SEIGNEUR DE LA COUR (¹)

---

(1) Sans nom de libraire et sans date, in-8 de 8 pages. Ce balet fut dansé, la nuit du 2 mars 1615, dans la salle du palais de Saint-Marc ou de Venise, à Rome.

DESCRIPTION

DU

BALET DANSÉ A ROME

Monsieur,

Puis que vous le desirez, ce sera à chasque ordinaire que vous aurez de mes nouvelles. Le Carneval, comme le premier que j'ay passé dans Rome, m'a donné plus de contentement, par les courses et mascarades qui s'y sont faictes, que de subject de vous escrire, pour ne vous ennuyer de ce que vous y avez veu et remarqué autrefois; car on m'asseure n'y avoir eu presque aucune différence que celle du temps, entre celuy-cy et ceux des années precedentes. Tout ce qui a peu donner de l'advantage à ces jours de passe-temps et les rendre plus recommandables que les passez, ça esté les plus beaux et superbes Balets qu'on y a dansé, et sans particulariser et m'arrester par trop à vous decrire les deux ou trois premiers qui s'y sont veus, je m'oublierois de satisfaire à votre curiosité, si je ne vous faisois part de celuy qui se dansa dernierement en ceste ville, au contentement de toute la Cour, et avec beaucoup d'honneur pour notre nation, qui faict recognoistre parmi les estrangers que le courage et la gentillesse l'accompagnent tousjours. Monsieur le marquis de Tresnel, Ambassadeur pour le Roy, comme l'autheur, en doit avoir la premiere et plus grande gloire. Ceux qui ont dansé le grand Balet : Messieurs le comte de la Voulte, fils du duc de Ventadour; don Charles Ursino, fils du duc de Braciano; les marquis de Canillac et de la Luzerne; le baron de Cherley; le baron de Soucy; Marcilly; la Mothe, et quelques autres gentilshommes de marque, meritent aussi qu'on face beaucoup d'estime de leur generosité et disposition, admirée de telle sorte en cest abregé de l'univers, que les triomphes de ces braves chefs qui y ont paru autrefois avec tant de merveilles, et la rareté de tant d'exquis spectacles qui s'y sont veus, sembloient renaistre et se faire encores revoir par la superbe et judicieuse despense qui s'est faite, et par ceste rare et parfaicte disposition. Ce Balet fut dansé la nuit du dimanche de Carneval, 2 de Mars, dans la salle du Palais de Sainct-Marc, embellie et agencée curieusement à cest effect, avec des marches partout en forme d'amphitheâtre, et un si grand nombre de flambeaux, que la clarté du jour sembleroit moindre que l'esclatante lumiere de tant de feux. Encore que ceste salle soit la plus grande et spacieuse qui soit dans Rome, à peine y eut-il moyen de placer tous les seigneurs qualifiez et les principales et les plus belles Dames de ceste Cour qui y assisterent, et en partirent après avoir veu divinement bien faire. La description imprimée icy que je vous envoye en apprendra plus de particularitez que je ne vous en sçaurois escrire. A Rome, ce 6 Avril 1615.

BALET DES CAVALLIERS ENCHANTEZ

La Nuict, mere des plaisirs et nourrisse des amours, glorieuse de tant de lumieres qui l'embellissent, parée de son manteau d'estoiles, est traisnée sur un superbe chariot tiré par quatre hibous, comme faisant son triomphe de la deffaicte du Jour. Après avoir faict pompeusement son entrée dans la salle, elle recita ces vers à la louange des Dames.

> Place à la Nuit ; que le Jour obscurci
>   Se retire d'ici
>   Et se cache soubs l'onde :
> Et qu'à ce coup le Soleil radieux
> Cede aux rayons de ces astres du monde,
> Qui ont l'amour et le feu dans les yeux.
>
> Le ciel n'a point tant d'aimables clartez
>   Que ces chastes beautez
>   Ont de foudre et de flammes :
> Et on voit bien que les cieux nonpareils
> De leurs rayons ont couronné ces Dames.
> Et qu'en leurs yeux ils ont mis des soleils.

Je ne crains plus les funestes chansons,
    Ny les magiques sons
    De ces vieilles sorcieres
Ny du Soleil le successif retour,
Puis qu'en ce lieu se trouvent des lumieres
Qui de leurs rais font honte au plus beau jour.

Puissants Demons, pleins d'horreur et d'effroy,
    Qui marchez quant et moy
    Sous la faveur des ombres,
Fuyez d'icy, n'approchez point ces lieux,
Retirez-vous en vos royaumes sombres,
Ce beau sejour n'est faict que pour les Dieux.

Mais qu'ay-je dict, revenez, mes Esprits,
    Si vous estes appris
    A vivre dans les flammes :
L'enfer n'a point plus grand nombre de feux,
Comme il en sort des beaux yeux de ces Dames,
Et pour brusler rien n'est si digne qu'eux.

Pour obliger la compagnie, sortit six de ces Esprits, non de ceux-là qui n'ont autre soin que de nuire et de mal faire, mais de ceux qui s'occupans aux plus gentilles et adextres folies, se donnent un continuel plaisir à eux-mesmes, et à tous ceux qui s'amusent à les regarder. Ces folets conviez de la Nuit et de la bonne compagnie, dansent un Balet, où ils font voir que s'ils n'estoient veritablement Esprits, ils n'auroient pas la disposition qu'ils ont à s'eslever et caprioler. Eux donc ayans finy, le Sommeil hommager de la Nuit, bien qu'ennemy des jeux et des passe-temps, pour ne l'abandonner pas du tout au besoin, vient paroistre devant la compagnie, la teste couronnée de pavots, et chancelant à guise d'un homme demy endormy, il a fait recognoistre par ces vers le sujet de son arrivée.

    Or, que la Nuit, d'estoiles couronnée,
        Faict luire ses flambeaux,
    Et que Phœbus finissant la journée,
        Se cache sous les eaux :
    Je viens icy d'un sommeil gracieux
Enchanter vos soucis, en vous fermant les yeux.

    Rien n'est si doux qu'un repos desirable
        Pour finir les travaux :
    Le jeu, l'amour, les danses et la table
        Adoucissent les maux,
    Et par sur tout un sommeil gracieux
Enchantent vos soucis en vous fermant les yeux.

    Aux amoureux, je donne le mensonge,
        Qui les va decevant :
    Aux convoiteux, je fais du bien en songe,
        Mais ce n'est que du vent :
    Ainsi, souvent, d'un sommeil gracieux,
J'appaise leurs desirs en leur fermant les yeux.

    Si quelquefois Cloris, d'amour atteinte,
        Desire son amant,
    Pour l'obliger, je me sers de la feinte
        Qui la va consumant :
    Ainsi, souvent d'un songe gracieux,
J'appaise son desir et lui ferme les yeux.

> Vous que l'honneur a conctrainct à se taire
> Et souffrir sans parler;
> J'ameine ici des songes pour vous plaire
> Et pour vous consoler;
> Afin qu'au moins un songe gracieux
> Contente les desirs de celles qui n'ont mieux.

Il commande soudain à six de la troupe de ses Songes les plus facetieux, de danser un autre Ballet. Mais c'estoit peu pour l'entretien d'une si grande et illustre compagnie, si les enchantemens d'Alcanor n'eussent esté dès longtemps destinés à la gloire de ceste feste. Alcanor (comme tout le monde sçait, excellent aux arts magicques, et Roy jadis de l'isle Sauvage), pour se venger de l'affront que quelques Princes chrestiens (que le desir des nouvelles aventures avoient amenez en ses terres) luy avoient fait, subornant ses filles, les enferma dans le corps de ce Dragon, pour y rester eternellement prisonniers, jusques à ce que la plus belle et la plus chaste du monde peust remettre la chesne au col de ce monstre; et pour ne les laisser pas du tout privés de secours et d'esperance, il obligea ceste Infante que vous voyez icy, sa niece, d'aller par toutes les Cours des Princes et des Roys, pour trouver celle à qui la gloire de cest enchantement estoit reservée, et ne s'arrester en part du monde, qu'elle n'eust veu ces Princes en liberté. Ce qu'ayant faict inutilement, jusques à ceste heure, ayant ouy de la bouche mesme de la Renommée publier les beautés et les merites des Dames de ceste Cour, elle y est arrivée, où, par ces vers, elle les a conviées d'en vouloir faire l'essay.

Permettrez-vous, grand Dieu, que jerre vagabonde
    Toute la terre et l'onde,
Sans trouver à mes maux aucun allegement
    Et qui finisse mon tourment ?

Alcanor, Alcanor, que tes injustes charmes
    Me font verser de larmes ;
Pour voir les Chevaliers aux armes tant vantez.
    Estre si longtemps enchantez

Alcanor, autrefois Roy de l'isle Sauvage,
    Pour chastier l'outrage
Des Cavalliers chrestiens, de ses filles aymez,
    Les a dans le monstre enfermez.

Sans espoir d'en sortir que quand la tourterelle,
    Autant chaste que belle,
Mettant la chesne au col de ce monstre puissant,
    Ira ses charmes finissant.

Dames de qui les yeux brillans de mille flâmes
    Vont foudroyant les âmes,
Faictes qu'en vos beautés et vos divins appas,
    Je trouve la fin de mes pas.

La comtesse de Castre, dont les vertus et les bonnes parties ne se peuvent assez dignement louer, en qui le Ciel a faict naistre des grâces, non pour l'accomplissement de ce seul enchantement, mais bien pour parachever les plus hautes et plus dignes aventures de la terre; ayant remis facilement la chesne au col du Dragon, la musique chantant ces vers, luy a rendu les remerciemens pour la liberté de ces Princes enchantez.

Enfin, ceste beauté, du monde la merveille,
    Qui n'a point sa pareille,
Des siecles à venir le plus bel ornement,
Et qui seule des cieux merite estre admirée,
Après estre de nous si longtemps desirée,
    Vient finir cet enchantement.

Du ciel et de l'enfer, les redoutables charmes
    Flechissent soubs ses armes;
Rien ne peut resister à son pouvoir vainqueur,
Et contre tous les traicts que son bel œil decoche,
Pour ne les point sentir, il faut estre de roche,
    Ou n'avoir du tout point de cœur.

Les Dieux quoyque immortels, et de trempe plus dure,
    En souffrent la blessure,
Et se sont veuz souvent de ses charmes epris.
Et les plus dignes cœurs blessés de ceste attente,
N'oseront l'adorer seulement pour la crainte
    Qu'ils ont d'encourir son mepris.

Aux plus chastes plaisirs son âme accoustumée
    Ne peut estre entamée
Des traicts qu'un fol Amour decoche dessus nous,
Et son esprit qui est au vice inaccessible,
A tout autre penser se fait voir inflexible
    Qu'à celuy de son espoux.

Soudain on les a veu paroistre en la salle, et danser un grand et superbe Balet, qui a donné sujet à toutes les Dames de louer hautement leur belle et gentille disposition; et à eux la gloire et le contentement d'admirer tant de divines beautez, et rester autant prisonniers de leurs charmes, comme ils l'estoient auparavant des liens et des enchantements d'Alcanor.

FIN.

LE
RECUEIL DES BALETS

QUI ONT ESTÉ JOUEZ

DEVANT LA MAJESTÉ DU ROY

avec les personnages qui auroient presenté aux
Dames leurs airs, billets, dictons, vers et
chants royaux

PAR P. B. S. D. V.

HISTORIOGRAPHE DU ROY ([1])

Sans nom de libraire et sans date (vers 1615), in-8 de 8 feuillets
non chiffrés.

AUX APPRENTIFS, SALUT

Le Balet ayant esté representé par plusieurs autheurs accordables, qui ensemblement auroient deliberé à la conference des Poïttes, philosophes et musiciens recreatifs, qui congnoissent les Dames d'honneur, à la disposition et allegresse, contemplatives aux quatre perfections de l'homme, qui sont : Beau, Riche, Sain et Jeune, de quoy en essence ils auroient, par une boutique, fourny une Blancque de beautez et richesses admirables, au contentement des saints vivans et regnans, qui aderent aux cinq vouloirs de leurs Majestez, où ce dicton leur fut representé par la Blancque :

 Je viens du pays d'Allemagne,
 De Saxe, et aussi des Grisons,
 Où j'ay veu des marchands d'Espagne
 Qui apportent draps à foisons
 Pour fournir une belle Blancque,
 Où ils m'ont dit que rien ne manque,
 Et que ce doit estre à Paris,
 A l'houstau du sire Louis ;

Et que l'on a des benefices,
Pourveu qu'on face sacrifices
A la Deesse ou demy-Dieu
Qui est habitant en ce lieu.
Allons-nous y en tous ensemble;
Ce sera bien faict, ce me semble;
Allons donc, compere Colas.
Vien ça, cousin Simon le Gras;
Dy moy de quelle marchandie,
Dy le moy tost. Quoy qu'on en die,
J'ay les plus beaux verres jolis
Qu'on sçauroit trouver à Paris.
Et moy la meilleure eau-de-vie
Que tu aies jamais beue en ta vie.
Voicy nostre vallet de feste
Qui vient icy faire la beste;
Pourveu que l'argent ne nous manque,
Il nous faut tirer à la Blancque.

Laquelle Blancque fut posée dedans le Louvre en triomphe, et publiée au bon soir et au bon sejour, le Dimanche, vingt-deuxiesme de Janvier.

Le Commissaire fut le premier representé par Monsieur le duc de Croüis; declara icelle affaire en façon de ceremonie et rapportant tout ordre pour empescher qu'il n'y arrivast quelque tumulte, et representa son authorisation par escript aux Dames, ainsi qu'il est contenu.

Je suis icy pour le procès-verbal;
C'est moy qui tiens les registres du bal.
Si d'adventure il s'y fait insolence,

Soudain par moy la justice s'advance.
Ce jeu permis j'establis en ce lieu ;
Or vous sçavez qu'Amour est un grand Dieu,
Qui sur les cœurs a puissance infinie :
Je croy de vous que pas un ne le nie.
Devant vos yeux j'atteste son pouvoir,
Que nul icy ne manque à son devoir ;
On ne sçait pas les secrets de nature,
Ny du hazard la douteuse avanture,
Si bien ou mal vous arrive pourtant,
Recevez-le d'un courage constant ;
Je viens exprés pour establir l'affaire
De par le Roy, je suis bon commissaire,
Et si d'huille de reins j'assigne,
Pour supporter en paix mon signe,
A Dieu je me retire sans d'autre rire.

Le Plaisant fut representé par Monsieur Gerin, vestu à la Guoguette, contrefaisant le Boitteux miserable, qui incita la compagnie à la resjoüissance de tous bons accords, où il fut veu par l'assemblée, et presenta son billet aux Dames.

Vous autres qui prenez plaisir
A danser vos bouffonneries,
Vous devez tous avoir desir
De voir mes tours de singerie :
Il se faut donner du bon temps,
Quand ce n'est pas à ses despens.

Le Soldat fut representé par Monsieur le comte de S. Aguen, arrivant avec sa gravité, fourny d'armes pour moustrer l'exercice de l'art militaire, offrant son service en toute obeissance, caressant les Dames qui estoient proches de la Blancque, et leur presenta son service.

> Voicy le compagnon de Mars
> Qui cherche partout les hazars,
> Et ne fait estat de fortune
> Non plus que des flots de Neptune.
>
> Rien ne le peut endommager;
> Il vient icy comme estranger,
> Pour s'advancer en ceste Blancque,
> Sans crainte que l'argent luy manque.
>
> C'est un soldat avantureux;
> De qui l'aime il est amoureux,
> Et le masque n'a l'advantage
> De pouvoir cacher son courage.
>
> Il ne fait pas tant le mignard,
> Et tient bonne espée et poignard.
> Quelque benefice qu'il tire,
> Il le donne, et fust-ce un empire.
>
> S'il pouvoit trouver du bonheur
> Autant qu'il s'est acquis d'honneur,
> De vous servir il se propose,
> Et mesprise toute autre chose.

L'Esclave fut representé par Monsieur de la Ferté Fervaques, qui, par son habileté et forteresse, avoit navigué et prins sa nourriture sur la haute mer, mere du support des mors, Mores, Normans, François et Bourguignons, lequel s'accosta des Dames qui devoient assister aux trois Balets preparez, l'un au Louvre, l'autre chez Monsieur Scarron, et l'autre dedans l'Arcenal, où il leur presenta son chant royal, soubs la surseance des gens de guerre, qui rouloient les balles de canons et boulets des mousquets.

>Je ne crains plus les fameuses chansons,
>Ny les magiques leçons
>Que font ces vieilles sorcieres :
>Car la haute mer a conduit mon retour
>En ce lieu, où se trouvent des lumieres,
>Qui admireront le Ciel de mon beau sejour.
>Guerroyans pleins d'honneur n'auront effroy,
>Pour rendre service au couronné Roy
>Soubs sa faveur et des ombres
>Qui fuisse au decord en divers lieux,
>Pour reparer les parolles sombres
>Tenues au beau sejour de par les Dieux,
>Qui r'allient et remettent les esprits,
>Aux esclaves à quelque appris,
>D'avoir veu l'eclair sortir du tonnerre,
>Qui console la terre par les gens de guerre,
>Vivans en paix avec les Dames,
>S'approchant du purgatoire où sont les feux,
>Qui sortent des beaux yeux des fames,
>Ne brulans rien n'est si digne qu'eux.

L'Emouleux fut representé par Monsieur le comte d'Auvergne, qui par la Noblesse crie gaigne petit, pour inciter à faire accommoder les armes de cuisine, servans aux affineurs, bouchers et gens de guerre, qui auroient licensé et separé le caresme envoyé en Champagne et prenant au perche sur la frontiere des Normans, qui font l'an accordé par le holà des Dames, fait à l'adieu des gens d'armes, et presenta son chant royal.

> Pour moy, je suis gaigne petit,
> De servir j'ay bon appetit,
> En bien faisant rien ne m'estonne ;
> Si quelqu'une veut voir comment,
> Qu'elle s'approche seulement :
> Car je n'en refuse à personne.
>
> Mon ouvroir fort bien preparé,
> A nul autre n'est comparé,
> Je sçay comme l'on s'accommode ;
> Pour les dames j'ay des outils
> Qui ne sont point trop inutils :
> A chacune selon sa mode.
>
> Enfin de mon gentil sçavoir,
> Mes dames, s'il vous plaist de voir
> La prompte et bonne diligence,
> Il ne faut que vous avancer :
> Je suis tout prest de commencer,
> Vous en aurez l'experience.

Le Paysant fut representé par Monsieur le duc de Rais, faisant trafic en Laboureur, qui contemploit les richesses d'icelle Blancque, pensant par estimation evaluer les pieces et estoffes, à cause que le Paysant participe au grand jugement, qui presenta ces airs aux Dames :

> Je suis un peu rude paisant,
> Je n'ay pas la perruque blonde,
> Le taint frais, le regard plaisant :
> Mais je suis assez suffisant
> Pour rendre une terre feconde.
>
> Je n'ay pas l'air d'un amoureux,
> Ne mesme la peau delicate ;
> Du travail je suis desireux,
> J'ay le bras fort et vigoureux,
> Et n'est motte que je n'esclatte.
>
> Si le terroir est par trop gras,
> Après la premiere haichée,
> Je reprends, pour faire mon cas,
> Auparavant que je sois las,
> Ma besoche bien emmanchée.
>
> Pour moy je ne m'espargne point,
> Quelque terre que ce puisse estre ;
> Je quitte chausses et pourpoint,
> Et travaille si bien à point,
> Qu'à la fin je m'en rends le maistre.
>
> Aux terroirs les plus frequentez
> Il y a moins de peine à prendre,
> Si tant soit peu vous les tastez,
> Incontinent vous desgoutez ;
> Car ce n'est rien que de la cendre.

Je ne refuse pas pourtant
La besongne qui se presente;
Je fay credit qui n'a comptant,
Et suis parfaictement constant,
Pourveu que mon travail contente.

Le Jardinier fut representé par Monsieur de Bricieux, où il presenta aux Dames de belles fleurs, differentes de couleurs, et bouquets d'herbes de senteurs.

Poussé, et c'est erreur commune
Qui fait adorer la fortune,
Pour l'heur qu'elle tient dans ses mains,
Je viens tirer à ceste Blancque,
Sous la faveur qui souvent manque
A l'esperance des humains.

Je viens d'un cœur plein d'innocence,
Esprouver si par sa puissance,
J'auray les biens qu'elle depart :
Et si sa faveur fortuite
Fera qu'en defaut du merite,
Je les acquiere par hazard.

Belles Dames dont les merveilles
N'ont point au monde leurs pareilles,
Ces fleurs que je vous ay presentez
Font voir icy plusieurs beautez :
Et si je tire icy un benefice,
Je vous en feray sacrifice.

Le Charlatan fut representé par Monsieur de Sainct-Luc, ayant une boeste pleine de drogues d'apotiquaire, avec des senteurs, qu'il presentoit aux Dames, avec son memorial.

>De mon estat je reconforte ;
>Plusieurs vivent de mesme sorte,
>A qui fera le meilleur tour :
>Trompe qui peut, c'est la devise,
>Chacun s'accommode à sa guise,
>Aussi bien au jeu qu'en l'amour.

>Soubs l'esclat d'une belle juppe,
>Je ne passe guere pour duppe,
>Mais je faicts trotter le poulet ;
>Je baise les mains, je regarde,
>Mon page souvent je hazarde,
>Qui sçait bien jouer son rolet.

>Enfin, j'ay si bonne fortune,
>Qu'il en tombe toujours quelqu'une,
>Et j'entends si bien leurs façons,
>Que sans donner carquant ny chesne,
>Et sans trop les mettre à la gesne,
>J'en suis quitte pour des chansons.

L'Indien fut representé par Monsieur le marquis de Rosny, qui avoit des miroirs ardens, où il representoit à toute l'assemblée et la Blancque, le tout plus grand qu'ils n'estoient. Donc les representa au jugement des Dames, avec son air et chant royal.

>Vous que l'honneur a contrainct à se taire,
>Et souffrir sans parler,

Je voy icy des singes pour vous complaire
    Et pour vous consoler :
Afin qu'au moyen d'un songe gratieux,
Puisse contenter les desirs de celle qu'aimez mieux.

L'Escrocqueur fut representé par Monsieur de Criqui, qui taschoit à courtiser les Dames, leur presentant son dicton.

    D'escrocqueur je faicts l'exercice,
    Toutesfois sans grand artifice,
    Ny me peiner aucunement :
    Si je trouve une chappe cheute,
    C'est là-dessus que j'execute
    Mon petit faict gaillardement.

    Je ne voudrois prendre la peine
    De tracasser en tire laine,
    Comme la plupart des mattois :
    Jamais bonheur je ne refuse,
    N'importe pas si l'on s'abuse,
    A me voir faire le courtois.

    S'il vous plaist d'en nommer un autre,
    Qui plus que moy soit du tout vostre,
    Et qui les Dames serve mieux :
    Qui le dise, et l'ose entreprendre,
    Je veux estre reduit en cendre,
    Par le doux feu de vos beaux yeux.

Le Fol fut representé par Monsieur le comte de la Voute, avec des cymballes et sonnettes, saluant l'assemblée de joyeuses folies en son chant royal.

Que sert tant d'armes à porter,
Pour faire le peuple espouventer
Au bruit des cloches d'armes :
Qui ne cessent de tabouriner
Donnant de fauces allarmes.
Je veux me rendre du clergé,
Pour recueillir sans semer,
Et vivre bien à mon aise :
J'iray à la chasse monté,
Et voir ma commere Abbesse,
Car l'Abbé je chanteray,
En bon langage qu'exposeray
Pour estudier la game ;
Car, après avoir bien repensé
Ré, my, fa, ré, ut, ne vaut pas gé.

L'Asne fut representé par Monsieur Marets, avec un autre incogneu, qui emeurent le combat pour avoir la preference de Prescheur ou Practicien à la joyeuse assemblée.

Ces deux chevaliers incogneuz,
Dont la valeur incomparable
A tant de combats soustenus,
Qu'au monde leur gloire est notable,
Ont fait vœu solennellement
De bien servir parfaitement.

On ne les voit point desguiser,
Masquez en cent formes nouvelles,
Pour trop finement abuser
La simplicité des plus belles :
Les charmes dont ils sont armez,
C'est de servir pour estre aymez.

L'honneur, la constance et la foy,
La courtoisie et la franchise,
En tout temps ont donné la loy
A leur genereuse entreprise,
Estimant que c'est liberté
D'estre captif d'une beauté.

Le combat fut fait par un fol qui avoit des armes et un sage qui tenoit un ballet, de quoy des verges on fait les ballets aux soldats, fut epousté, le second ballet le vint degager et separer, apportant balles, billes, rondeaux pour tirer quelque benifice ou prieuré à la Blancque.

Le Serviteur fut representé par Monsieur du Vivier, qui cria de l'eau-de-vie.

Je suis armé de toutes pieces
Et si j'ay de forts bons seconds,
Jamais je n'ay manqué d'adresse
Pour bien sonder jusques au fonds.
Laissons parler, quoy qu'on en die,
Je vous fourniray d'eau-de-vie.

Le Sergeant fut representé par Monsieur Cecilien, qui faisoit des contraintes aux Dames en singerie.

Si je porte un habit de singe,
Sans braquette ny flageolet,
Ce n'est pas que dessous mon linge
Il n'y ait un bon pistollet,
Qui tire trois coups sans amorce
Tout par amour, sans qu'on le force.

Le Courtisant fut representé par Monsieur Amulot, qui caressoit les gens de bonne façon, pensant accoster quelque benifice fourcheu, à condition soubs son apparence, qui presenta aux Dames.

Mon pere estoit d'un noble parentage,
Ses armes estoient ainsi que mon bonnet;
Il m'a laissé pour tout bien en partage
Quatre bouteilles, et un grand gobelet.

Le Maquereau fut representé par Monsieur Samant, qui de la science d'autruy en fait marchandise en la Court.

On me cognoist pour homme entier ;
Franchement je faicts le mestier,
Petit et bon c'est mon attente.
Je besongne tant que je puis,
Au gain trop aspre je ne suis,
D'honnesteté je me contente.

La Putain fut representée par Monsieur Morel, estant effronté, voulant juger des instrumens de nature, qui incita la dance du premier Balet allant à la Blancque, tira par cabriolles des billets de hazard.

Le Sot fut representé par Monsieur du Port, qui faisoit de l'ignorant avec les reverences d'entendement, qui s'informoit s'il estoit de nature ou de becarre, se presentant aux Dames.

Le Verrier fut representé par Monsieur de Parade, à crier verres jolis et belles fiolles.

Le Valet de feste fut representé par Monsieur Pinçon, qui portoit des billets pour la Blancque.

L'Assistant fut representé par Monsieur de Curcy et Malandré, suivans à danser au Balet, puis allerent tirer à la Blancque.

Le Page fut representé par Monsieur Payenne, qui emporta le prix de la disposition.

L'Armafrodite fut representé par Monsieur de Mont-Aigu, qui paroissoit tenir des deux natures, voltigeant tousjours en l'air.

Le Herpignot fut representé par Monsieur Augustin, qui paya le monde de vent et de comptes pour aller à la Blancque.

> La fiebvre au pousse se taste,
> Le levain corrompt la paste,
> Je vous ayme unicquement
> Si me serviez fidellement.

> Qui veut en trop de lieux pretendre,
> Ne prend rien en pensant tout prendre.

> On devine bien sans le dire,
> De quel mal vostre cœur souspire.

> Le bon homme est un peu trop vieux,
> Choisissez une autre fois mieux.

> On vous a donné des allarmes,
> Qui vous font jetter maintes larmes.

> Bien que vous viviez enfermée,
> De plus d'un vous estes aymée.

Vous ne pouvez rien enflammer,
Pour estre aymée il faut aimer.

Ne craignez les ans inconstans,
La vertu n'est subjette au temps.

La deliberation d'iceux Balets a esté conferée au grand College qu'avoit fait preparer le feu regretté Henry le Grand, qui se plaisoit à instruire ses guerriers escoliers en la recreation mondaine qui est le recueil au jugement de la Resurrection, comme chacun s'est representé à son estat devant la notable assistance aspective à la reduction pacifique, ainsi qn'il leur a esté remonstré par icelle poüesie et philosophie, soubs l'authorité et permission de leurs Majestez qui accorderent le congé à iceux danseurs, disposez joüeurs, à qui honorablement leur fut par les Dames presenté des doux baisers par accollations, et confitures et consummez au departement du premier Balet joué dedans le Louvre.

Le second Balet fut commencé à trois heures du matin à l'hostel de Monsieur Scarron.

Le troisiesme Balet fut joué dedans l'Arcenal, tout de mesme.

BALLET

DU

CHANGEMENT DES ARMES

Sans nom de libraire et sans date (vers 1615), petit in-4 de 4 pages.

BALLET

DU

CHANGEMENT DES ARMES

SUJET

Jupiter prevoyant la rebellion des enfans de la Terre, qui vouloient porter leur insolence jusques au Trône des Dieux, se prepare à en chastier la vanité, et leur oppose les plus grands ennemis du genre humain, qui sont l'Amour et la Mort, qu'il reconcilie et rend compatibles ensemble pour cet effet. Mais helas! Mars et Vénus ressentent bientôt les effets d'une si funeste et si extraordinaire reconciliation, par l'imprudence de Cupidon, qui ayant par hasard changé ses fleches contre les dards de la Mort, en picque ces demi-Divinités et les fait mourir, lorsqu'il croit seulement attiser leurs flammes, et entretenir en leurs cœurs l'amour qu'il y a fait naistre. Et comme il arrive souvent que le malheur des uns est le bonheur des autres, deux vieillards decrepits qui n'attendent plus que la Mort pour descendre dans le tombeau, reçoivent de sa main les picqueures des fleches d'Amour, et une nouvelle vie par la Mort mesme, lorsque Mars et Venus reçoivent le trespas par celle d'Amour, qui est l'autheur de la vie.

PREMIERE ENTRÉE.

Jupiter, Mars et Mercure ouvrent la scene. Jupiter voulant toujours estre sur la deffensive en cas de rebellion, envoye Mercure à Vulcain pour forger son foudre, et donne ordre à Mars de se tenir sous les armes.

DEUXIESME ENTRÉE.

Pallas, Diane et Vénus viennent ensuite, et comme elles ignorent l'accident funeste qui menace Venus, elles dansent et se rejouïssent.

TROISIESME ENTRÉE.

L'Amour et la Mort, les deux plus grands ennemis des hommes, suivent, qui, prenant la place de ces trois Deesses, dansent et changent, sans y penser, leurs traits : l'Amour prenant celuy de la Mort au lieu du sien, et la Mort celuy de l'Amour.

QUATRIESME ENTRÉE.

Deux vieillards, par une aventure si extraordinaire, estant frappés par la Mort des flêches d'Amour, en ressentent la chaleur, rajeunissent à l'instant et paroissent à l'âge de vingt ans.

CINQUIESME ENTRÉE.

Les deux rajeunis s'estonnent et se rejouissent ensemble du retour inesperé d'une jeunesse si florissante.

SIXIESME ENTRÉE.

Mercure, suivant l'ordre de Jupiter, va trouver Vulcain dans l'Arsenal des Dieux, pour luy faire forger le foudre qui doit exterminer les géans.

SEPTIESME ENTRÉE.

Venus envoye son fils Cupidon trouver le Dieu Mars, avec ordre de l'amener dans son palais.

HUITIESME ENTRÉE.

Cupidon accompagne le Dieu Mars, suivant l'ordre de Venus, et le meine chez cette Déesse, où commencent leurs amours.

NEUVIESME ENTRÉE.

Mars et Venus reçoivent les flammes d'Amour par l'entremise de Cupidon, qui voulant embraser leurs cœurs d'une amour parfaite, les picque du dard de la Mort, qu'il portoit depuis le malheureux echange fait entre eux, et les precipite tous deux dans le tombeau.

DIXIESME ENTRÉE.

Diane et Pallas, sans penser à ce triste accident, se divertissent; mais ayant aperçeu ces deux Divinités estendues sur terre, temoignent leurs regrets par leurs larmes.

ONZIESME ENTRÉE.

Vulcain voulant executer l'ordre de Mercure, se met en estat de forger le foudre de Jupiter avec ses Cyclopes; mais ayant aperçeu d'un costé le Dieu Mars sans vie, jette son enclume et ses marteaux de deplaisir, et voyant de l'autre sa femme Venus en mesme estat, s'emporte dans les dernieres violences de son desespoir.

FIN

EXPLICATION ALLÉGORIQUE

DU

BALET DE MADAME

1615 (¹)

---

(1) Extrait d'un ouvrage intitulé : Les Oracles françois, ou Explication allégorique du Balet de Madame, sœur aisnée du Roy ; ensemble les Paralleles de son Altesse avec la Minerve des Anciens et le Parnasse royal sur le mesme sujet, par Elie Gariel. Paris, Pierre Chevalier, 1615, in-8.

EXPLICATION ALLÉGORIQUE

DU

BALET DE MADAME

PREMIERE PARTIE

OU PARURENT LA NUICT ET LES NEUF ARDENTS

Le Balet doncques de son Altesse fut commencé par une Nuée assez petite en sortant, mais qui s'agrandissoit en largeur et hauteur, à mesure qu'elle tiroit avant, sans que l'on apperceust la cause de ce mouvement. Dedans estoit representée la Nuict, vestuë d'une lame d'argent et noire, avec quantité d'estoiles d'or semées sur son habit, ayant des aisles noires au dos, et une coiffure faite en nuage. Le nuage enfin perdu, et la Nuict retirée, la scene parut en rochers couverts d'arbrisseaux, animaux rampans, fleurs et ruisseaux coulans, des croupes en bas, dont les heurts esclatoient d'or et d'argent. D'entre les dits rochers sortirent neuf petits enfans, representans les Ardents, ou vapeurs nocturnes qui se voyent quelquefois ès champs, au milieu de la nuict; chacun desquels portoit en pots dorés quatre gros feux dessus la teste, et deux grands flambeaux ès mains, brûlans dès la poignée ; lesquels ayans dansé, se retirerent pour faire place aux Sibylles.

DEUXIESME PARTIE

OU PARURENT LES SIBYLLES

A peine estoient les Ardents retirés ès deux autres qui estoient au-dessous de la scene, que du milieu d'icelle promptement s'esleva un grand rocher, sur lequel estoient les Sibylles venuës trouver leurs Majestés par le commandement des Dieux. Leur coiffure estoit une perruque de cheveux, retressée d'une couronne de laurier eslevée en pyramide, avec d'autres cheveux, gazes, brillans et miroirs, et le surplus de leur habit à l'antique, somptucusement enrichy.

INTERMEDE

OU PARURENT L'AURORE ET LE SOLEIL

Aussitost que les Sibylles furent retirées, toute la scene se changeant, on descouvrit un grand bois couvert d'une nuée, et au milieu d'icelle l'Aurore semant des fleurs, suivie d'un chariot flamboïant et doré, avec des roues tournantes d'un mouvement esgal et continuel, dans lequel estoit le Soleil.

TROISIESME PARTIE

OU PARURENT LES MACHLYENES

Du milieu des bois qui couvrirent la scene au depart des Sibylles, sortit une fille vestue à l'antique Africaine, ayant un luth à la main (que le Sieur Durand fait representer l'une des Machlyenes, ou Anses). Après que ceste fille eust chanté quelques vers adressés à leurs Majestés, neuf autres de ses compagnes entrerent vestuës de mesme parure. Leur habit estoit rouge et bleu parsemé d'or, et portoient en main une masse d'or.

QUATRIESME PARTIE.

OU PARURENT LES BERGERS

Aussitost que les Machlyenes furent retirées, un Berger arriva recitant quelques vers adressés à leurs Majestés, à la fin desquels sortirent autres neuf Bergers vestus de satin blanc couvert de bouquets de broderie d'or, qui danserent un grand Balet devant leurs Majestés.

INTERMEDE

OU PARURENT LES TRITONIDES

Le Balet des Bergers finy, la machine changea, et ce qui estoit bois auparavant, devint rochers aboutissans en branches de coral, escailles, mousses maritimes, et representans des escueils battus des vagues. Dans la mer passoit une musique de Tritons, et après eux venoit encores la musique de la chambre du Roy, vestuë en Tritonides, la teste, les espaules et les hanches recouvertes de roseaux artificiels d'or et de soye, et le reste de l'habit de satin recouvert de clinquant d'or.

TEXTE LITTERAL DU BALET

Le grand corps de musique ayant quelque temps chanté, la scene se changea de nouveau, et tant au fond qu'aux costés devint toute nuée, du bas de laquelle sortit un grand chariot enrichy de sculptures et moulures de singulier artifice. Le dedans estoit recouvert de drap d'or brodé par les amortissemens, enrichy de campanes et bouqueterie. Aux deux extremités estoient deux lances, dont chacune portoit une sallade et un escu où la Gorgonne estoit mouslée, le tout doré d'or moulu. Le chariot estant trainé par deux Amours, dont l'un representoit l'amour chaste, n'estoit point bandé, et tenoit un arc et une fleche dorée, avec les mains libres; et l'autre representant l'amour voluptueux, estoit bandé, les mains liées au dos comme captif, et tout le corps couvert de flammes my-esteintes. Sur le chariot estoit Madame, soubs le nom et figure de Minerve, accompagnée des Princesses, Dames et Damoiselles de sa suite. Le chariot ainsi conduit, s'advança jusques au dedans de la dite scene, où il s'arresta au son d'une musique vestuë en Amazones. A mesure que le chariot s'anvançoit, descendoient du ciel deux grosses nuées des deux costés du dit chariot, dans lesquelles estoient la Victoire et la Renommée, qui descendans de l'air apportoient des couronnes à Minerve.

LE PARNASSE ROYAL DU BALET DE TRES-HAUTE, TRES-PUISSANTE ET SERENISSIME PRINCESSE, MADAME ELIZABET DE FRANCE, SŒUR AISNÉE DU ROY

PROSOPOPÉE DE LA FRANCE SUR LA FIGURE DE LA NUIT AU BALET DES ARDENTS

STANCES

Quand du vent animé la poitrine grondante
Faict herisser des flots l'eschine ballottante,
Traisnant du Ciel mutin les efforts conjurés,
Une cruelle Nuit couvre alors la marine,
Et les nochers craintifs autre feu n'illumine
Que le fatal tison des rochers Capharés.

Tout est empli d'horreur, et dessus le visage
Des plus constans se void une esfroyable image
De mille morts au coup qui menassent leurs jours;
Le navire battu autre chose ne semble
Qu'un funebre cercueil où le destin assemble
Mille trepas au coup d'un seul prenans leur cours.

Puis sitost que parmi ces tenebres peureuses
Des enfans de Leda les flâmes gracieuses
D'un favorable aspect descouvrent leurs beaux yeux,
Au mesme temps l'horreur que la mort acompagne
Quitte les nautonniers, et l'humide campagne
Convie à leur bonheur et les vents et les cieux.

Ainsi naguiere (helas! ce souvenir me tue!)
Alors que de mon Pan la paupiere abattue
Eclypsa les flambeaux de ma felicité,
Une Nuit appelant mes pertes anciennes
M'enveloppa le chef d'ombres egyptiennes,
Ravissant tout à coup ma brillante clarté.

Aussitost je ne voy que troupes ennemies
Arracher pour mon mal leurs âmes endormies
Du sommeil que mon Roy leur alloit espandant,
Les esclairs aussitost, les foudres, les orages
Du ciel european m'apprestent leurs outrages,
Comme si mon malheur fust à son ascendant.

Mais au flammeux abord d'un Astre d'Etrurie,
Ces foudres, ces esclairs, ces feux, ceste furie
S'escarterent ainsi qu'un nuage au Soleil;
La Nuit qui me poussoit au rivage crebique,
Promtement disparut à ce lever cosmique,
Et mon jour sans couchant nasquit de mon cercueil.

A peine avoy-je veu de ma grande Princesse
Les salutaires feux, qu'aussitost ma tristesse
(Douce metamorphose) en joye se changea :
Le funebre cyprès dont j'estois estofée,
Devint le verd laurier d'un eternel trophée,
Et un sort bien-heureux sous mes loix se rangea.

Elle arrosa si bien du suc de son distame
Les playes qui desjà faisoient languir mon âme,
Qu'en un moment je fus sans peine et sans douleur ;
Et afin d'augmenter de tant plus ses merveilles,
Pourveut si prudemment aux ataintes pareilles,
Que je brave le mal, le soupçon et la peur.

Que je les vay bravant d'une force divine,
Puisque de ma grand'Reyne elle prend origine,
Sa main ne produit rien qui ne soit tout parfait :
Son regard favorable est de toute puissance,
Qu'il verse dessus nous une sainte influence,
Comme celeste cause il a pareil effet.

Jadis (ainsi qu'on void ès gregeoises archives)
Le monde estant noyé par les fontaines vives
Du deluge, enfanta un siecle de rocher :
Tant les steriles Dieux de ces vieilles années,
N'avoient pas le pouvoir, forçans les destinées,
De donner un grand bien, ny le mal arracher.

Au contraire, le bras de ma Princesse abonde
Tellement ès vertus d'une grâce feconde,
Que mon aage de fer elle a changé en or :
Si bien qu'avec raison diray-je que ma perte
Aux jours de mon salut a rendu porte ouverte,
Veu que d'elle me vient un si riche thresor.

Mon naufrage a semblé à celuy-là d'Ulysse,
Qui, rompant de ses maux le fatal artifice,
Du tombeau le porta dans le thrône Itaquois.
Car ma Princesse ainsi de la noire tourmente
Qui sembloit m'engloutir d'une gorge beante,
A relevé chez moy le siege de mes Rois.

Alcyonne partant, c'est assez que ta couche
Ayt peu jusques icy sceller la rude bouche
Qui herisse les mers en la froide saison;
Ce beau droit qui jadis te rendoit si cherie,
Est maintenant escheu à ma grande Marie :
Rendre à chacun le sien est suivre la raison.

Quoy, tu sembles aller contre ceste ordonnance,
Et alleguer que c'est la juste recompense
Du nœud qui t'enchaisna dessous un joug loyal?
Alcyonne, tout beau! la faute est nonpareille
Aux saints commandemens qui fait boucher l'oreille
Quand ils viennent d'un lieu augustement royal.

Ainsi que les Roys sont la vivante peinture
Qui expose à nos yeux la divine nature,
Aussi sont-ils sacrés, leur thrône et leur vouloir.
Partant, n'allegue plus ceste ombre de justice,
Et croy que le destin t'est encores propice,
Car c'est beaucoup d'honneur de souffrir ce pouvoir.

D'ailleurs, pour ne servir de justicier exemple
Aux arrogans desseins, d'un œil rassis contemple
Que c'est celle qui tient le sceptre des beautés,
De l'amour, des vertus, des grâces, et l'empire
Des mers qui dessus toy ce changement atire :
Voudrois-tu resister à tant de déités?

Tu vois que le Soleil, pour tributaire hommage
Du rayonnant essieu qu'il tient en apennage
De son estre divin, prend et perd son flambeau
Chaque jour dans les flots auxquels ceste Deesse
Fait d'un mot absolu garder sa loy maistresse,
Content d'estre vaincu par un astre si beau.

Et vraiment il fait bien : car sa perruque blonde,
Quand pour luire au matin elle renaist de l'onde,
Du teint de ma Princesse emprunte son esclat.
Voilà pourquoy devot sa puissance il adore,
Lorsqu'il vient au repos, ou qu'il baise l'aurore ;
Car un cœur genereux ne fut jamais ingrat !

Joint aussi que les traits de son bel œil qui ouvre
Les thresors que la Nuit de son manteau nous couvre
Seroit plus obscurci que l'air Cimmerien,
S'il ne se connoissoit subject aux deux planettes
Qui, du ciel de ma Reyne ayant borné leurs traites,
Avivent sa prunelle, et l'Univers terrien.

Planettes dont les raiz jamais n'esvanouïssent,
Astres desquels les yeux jamais ne se ternissent,
Soleils qui vont tousjours leur lumiere espandant
D'un pas perpetuel, sans que l'un après l'autre
Comme les Deliens dans les ondes se vautre,
Ou il faudroit qu'en soy ils s'allassent perdant.

Astres qui font mentir la stupide science
De ces premiers resveurs qui, emplis d'ignorance,
Disoient qu'on ne pouvoit au Ciel voir deux Soleils,
Que le front de ma Reyne, où toute la lumiere
Du jour et des beautés limite sa carriere,
Fait naistre si luisans qu'ils n'ont point de pareils.

Soleils que si le Roy superbe d'Ematie
Famelic de l'honneur, d'une veuë obscurcie
A leur flambant abord contemploit maintenant,
Il se diroit vaincu, et combien que les armes
Craignissent sa fureur : à leurs douces alarmes
Il quitteroit le loz qu'il alloit moissonnant.

Tu vois encor l'Amour, tyran de nos poitrines,
Connoissant le pouvoir de ses flâmes divines,
Aux pieds de ma Princesse abaisser son carquois,
Ses fleches, son bandeau et sa fatale braise,
Qui attise en nos cœurs une ardente fournaise,
Tant il fait souverain à tous garder ses loix.

Et encores vois-tu que la terre Iberide,
Or, que du monde Indois elle tienne la bride,
L'avouë pour Deesse, et commence à dresser
Ses lions vers l'Hymen, qui, façonné par elle,
Paist l'empire chrestien d'esperance nouvelle
Qu'une eternelle paix il lui fera sucer.

Alcyonne, fay donc que les chansons plaintives,
Dont tu fais resonner les neptuniennes rives,
Se changent en accens joyeux : et puisqu'il plaist
A ma Reyne, flechis d'une âme obeissante ;
L'humilité sans fard aux Princes est plaisante,
Et de ce tronc enfin tousjours un bon fruit naist.

Cependant je m'en vay, en ma grande ceinture,
D'un sacré bastiment lever l'architecture
Aux royales vertus de ma puissante Iris.
Bastiment où tousjours sa Majesté divine
Recevra les presents de ma pure poitrine,
Sans qu'ils soient par la mort, ou les ans accourcis.

SUR LES FLAMBEAUX OU BALET DES ARDENTS

ODE

Astres dorés dont la paupiere
Lance dessus nous sa lumiere,
D'un voile brun couvrez vos yeux :
Aussi bien en vain vostre flâme
D'une brillante fleche entame
Le sein azuré des hauts cieux.

Parmi nos campagnes heureuses
Luisent à troupes radieuses
Tant de clartés et de flambeaux,
Qu'à l'object de choses si belles
Ne se verroient les estincelles
Que jettent vos petits fourneaux.

Flambeaux que d'un naphte durable
Nostre Princesse incomparable
Nourrist au sein de ses vertus :
Et affermist par sa prudence,
Si bien qu'ils sont en asseurance
De n'estre jamais abattus.

Clartés que nostre grande Reyne,
D'un cours perpetuel promene
Par tous les lieux du ciel françois,
Et fait que leur flâme feconde
Esbloüit l'œil de tout le monde,
Voyant le Soleil de nos Rois.

Flambeaux de qui le feu propice
Nous a tirés du precipice
Où le destin nous emportoit,
Et dissipé tous les nuages,
Que gros de foudres et d'oranges,
Contre nos chefs il apprestoit.

Clartés qui ont forcé les ombres
Du corps de nos premiers encombres
A l'escarter en un moment,
Et dessus leur legere trace
Fait à nostre heur choisir sa place,
Sans nul espoir de changement.

Après, comme si ceste gloire
Ne suffisoit à leur memoire,
Ils ont tiré plus en avant,
Cuidant qu'elle fust imparfaite ;
Si jusques à son plus haut fait
Leur coup ne s'alloit eslevant.

Aussitost voit-on la campagne
De la triomphante Allemagne
Couverte de nos estendars,
Et les aigles imperiales,
A l'abord de nos fleurs royales,
Se retirer vers leurs Cesars.

Au mesme temps, le Rhin farouche,
Qui d'un triple baiser s'abouche
Aux moites levres de Thetis,
S'estonna de voir dans les ondes,
Qu'il traisne après soi vagabondes,
Tant de ses soldats engloutis.

Dès lors Juilliers l'audacieuse,
Qui bravoit deux camps, glorieuse,
Porta le joug de nos vainqueurs,
Et Cleves cogneut à l'espreuve,
Que là où nostre main se treuve
Il ne faut point courir ailleurs.

D'autre costé, les Pyrenées,
A un autre feu destinées,
Que celui de leurs premiers ans,
Ont aussi bien qu'en Allemagne
Veu ces flambeaux dedans l'Espagne
Porter leurs glorieux presans.

L'Amour, nourrissier de leur braise,
Ainsi que dans une fournaise
A fait eschauffer leurs glaçons,
Et dessus l'eschine gelée,
Des rochers prenant sa volée,
Les a bruslés de ses tisons.

Il n'y eut pas jusqu'au rivage,
Où roule l'or du riche Tage,
Qui ne fust espris de ce feu,
Afin que les plaines humides,
Aussi bien comme les arides,
Obeissent à ce grand Dieu.

Mais dessus tout, le puissant Prince
De ceste guerriere Province
Souffrit de pressantes ardeurs,
Car pour un demi-Dieu, les flâmes
Qui touchent nos communes âmes,
N'avoient point assez de chaleurs.

Devenu pyrauste, il s'alleche
Aux delices de sa flameche,
Et se nourrist de son tourment;
Bien plus content de ce martyre,
Que de limiter son empire
Du matin au Soleil dormant.

L'Espagne, Naples, le Mexique,
Et son nouveau monde Antarticque,
Ne le peuvent point alleger;
Il faut que nostre chaste Elyze,
Qui de son cœur a fait la prise,
De sa main l'aille soulager.

Joint qu'il est aussi raisonnable,
Qu'elle-mesme soit secourable,
A sa reciproque douleur;
Et que vaincuë à mesmes armes,
Elle termine ses alarmes
Par la veuë de son vainqueur.

Voilà les clartés salutaires,
Voilà les flambeaux tutelaires,
Que nostre Reyne nous produit;
Desquels pendant que la lumiere
Esclairera nostre carriere,
Nous n'y verrons jamais de nuit.

Et comme les feux au rivage,
Guident la nef hors du naufrage,
Des flots, des bancs et des rochers,
Ainsi nostre grande Princesse,
Par sa vertu et son adresse,
Nous garantit de tous dangers.

Aussi le gosier prophetique
De son Balet du tout Pythique,
Nous le dict assez hautement.
Suivons doncques ceste creance,
Puisqu'elle vient de l'ordonnance
Du Ciel et de son truchement.

SUR LE BALET DES SIBYLES ET PREMIER INTERMEDE, OU PARURENT L'AURORE ET LE SOLEIL

PROPHETIE HEROIQUE AU ROY

LA SIBYLE CUMÉE

Que de sang, que d'horreur, que je voy de carnage;
Que de flâmes couvrir le rayonnant visage
Du blond Latonien ; que de rouges tisons
Faire fumer au loin les turquesques maisons.
Jà la fiere Enyon, et le Dieu Scithonide,
Couvrent d'un voile brun et Seste et Abyde ;
Desjà de Constantin les estages hautains
Commencent à ploïer sous les françoises mains.
Jà les plaintifs vallons de la captive Thrace
Rient de voir baisser des Ottomans l'audace,
Et desjà les poulmons du langoureux Acmet
Sont proches d'expier les feux de Mahomet.

Princes des saints Fleurons, que la main liberale
Des hauts Cieux a versés à ta grandeur royale,

Chef-d'œuvre entre les Roys, sacré surgeon yssu
Du foudroïant Henry, dont le fer a tissu
Le bonheur de ton sceptre, et la guerriere lance
Ombragé de lauriers et d'olives la France ;
Grand monarque, qui doibs, depuis le seuil Arctic,
Jusqu'au pivot lointain du verroüil Antarctic,
Limiter ton Estat, c'est toy que nostre bande,
Messagere des Dieux favorables, demande,
Afin de te monstrer dedans nostre cristal,
Qu'au throne du Levant ton acier est fatal :
Et tellement que jà tes peuples, par leur pique,
Ont estonné Thunis, et Argier et l'Afrique,
Ont rompu les scadrons, qui pour semer la loy
De l'Alcoran, fouloient la catholique foy ;
Ont fait trembler sous eux la campagne Idumée,
Judée, Azot, Gaza, et la rive allumée,
De Lope, de Cedron et du grondant Jourdain,
Ont rangé Ascalon et Damas sous leur main ;
Ont mis les quatre chefs de Salem sous leurs armes,
Ont fait que Therebinte, esmeu de leurs alarmes,
N'ayt point veu ses costaux plus ruisseler de sang,
Sous le chantre royal qui entama le flanc
De l'Anthée payen, que quand leur main puissante
Terrassa du Croissant la troupe palissante ;
Qu'oncques Sion n'ayt veu plus rougir Siloé,
Ny le sommet pierreux du hautain Gelboé,
Jamais plus renversé par les Israëlites,
D'escadres Philistins, ou de Madianites,
Que firent tes guerriers, de chefs Mahometans,
L'Eglise catholique en ces quartiers plantans.

Cest pourquoy, de rechef, nous venons pour te dire
Qu'il te faut cultiver le champ de cet Empire,
Et que pour tost joüir de sa riche moisson.

Il t'y faut travailler en ta jeune saison ;
Car se rire du temps et de l'heure opportune,
Est armer contre soy les traits de la Fortune.
C'est abuser du bien que puis après, en vain,
Nous cerchons, une fois s'il nous part de la main.
Il me souvient jadis qu'au vaillant Timothée,
Tout à coup des grands Dieux la grâce fut ostée,
D'autant qu'il mesprisa de joindre son effort,
A seconder le coup du favorable sort :
Où Cesar mesnageant le temps avec usure,
Du trône imperial leva l'architecture.

Fay donc aussi, grand Roy, le plus grand de tous ceux
Que voïe du Soleil le palais sommeilleux,
Ou le pourprin resveil, ou la face gelée
Du Nort, ou du Midy la poitrine bruslée ;
Fay, Prince redoutable, et par un trait si beau,
De tes jours glorieux esbauche le tableau,
Tableau digne de toy, puisque toute l'Asie,
La Grece, Trebizonde avec la Dalmatie,
La Thrace, la Hongrie, et l'Afrique, et encor
Les sceptres plus voisins de la perruque d'or
De Phebus renaissant, seront la sainte image,
Où sans fin l'on verra peint au vif ton courage.

Ceste Aurore, grand Roy, Aurore au front riant
Qui vient luire après nous, te monstre l'Orient ;
Son vermeillon te crie, et son regard t'appelle
A entrer au chemin de la gloire eternelle.
Les fleurons qu'elle seme ès sentiers de tes pas
Presagent les trophées de tes futurs combas,
Et ses artistes doigts, dont elle ouvre la porte
Au postillon du jour, afin que prompt il sorte
De son humide lict, te façonnent desjà

Les couronnes d'honneur que ton pere logea
Sur son auguste front, d'une pompe si rare,
Que nul à leur grandeur la sienne ne compare.
Et le Soleil encor qui la suit flamboïant,
T'y semond desireux de te voir foudroïant,
Parmi les bataillons fouler, vainqueur, la race
Des Ottomans aux pieds, souverain prendre place,
Où seoit Constantin, avec tes douces fleurs,
Du monde Oriental abreger les douleurs,
Et d'un acier tranchant eslever à l'Eglise,
En ces lieux esloignés une seure franchise.

Voilà, puissant monarque, au vray ce que par nous,
Le Ciel, las de garder si longtemps son courroux,
Contre le fier tyran de la triste Byzance,
Veut qu'icy nous venions redire en ta presence.
Va doncques sans tarder, va, grand Prince, cueillir,
Ce precieux butin, pour triomphant vieillir
En ton Louvre, faisant que l'aigle d'Allemagne
A celle de l'Asie arrive pour compagne.

SUR LE BALLET DES MACHLYENES OU ANDROGYNES

STANCES

Non, ce n'est le brasier du mignon de Cythere,
Qui, allumé en nous, nos poitrines altere,
Changeant nostre nature en un sexe imparfait.
Ce poison est pour ceux desquels les âmes viles,
Sous un indigne joug croupissent inutiles :
Car ceste cause ailleurs ne produit son effet.

Il est vray que le coup de ce demon nuisible,
Quand nous rendons sous lui nostre estomac passible,
Met nos cœurs à la chaisne et captive nos sens :
Et qui plus est encor, que le suc de ses charmes,
Se joignant de surcroist à ses poignantes armes,
Qu'Androgynes nouveaux, nous vivons languissans.

Si est-ce toutefois quelque chose qu'il face,
Qu'ès genereux poulmons il ne peut prendre place
De ceux que la vertu a eslevés pour siens.
Ils se rient de luy, et ès flots de prudence
Estouffent tellement ses feux et sa puissance,
Qu'ils abattent du tout ses trophées anciens.

Au contraire, l'Amour, qui prend son origine
Des saints accouplemens d'une couche divine,
Les attire, si bien qu'ils en sont tout espris ;
Il est leur cher soucy, leur aimable martyre,
Et avec tant d'ardeur, ils suivent son empire,
Que tous autres objets ils tiennent à mespris.

De là vient qu'unissant avec eux ses pensées,
Leurs âmes à son col sont si bien enlacées,
Qu'Androgynes à coup ils deviennent aussi :
Mais qui ont despouillé leur nature mortelle
Pour se vestir le corps d'une gloire eternelle,
Et habiter les Cieux en demeurant ici.

Aussi, est-ce pourquoy toutes leurs œuvres sentent
Le lieu et les eslans qui leurs cours violentent,
Et que venans du Ciel, leurs effets sont divins.
Divins vrayment sont-ils, puisque toujours leur course,
Tenduë vers le Nord d'où elle a pris sa source,
Ne se distrait jamais des celestes chemins.

Vous le sçavez, grand Roy, nos Princes redoutables,
Que ces esprits fumans aux torches agreables
De ce feu, ont suivi en tant de divers lieux;
Auxquels ils ont levé par le fer de leur pique
Des thrônes en l'Asie, et en la seiche Afrique,
Malgré des Ottomans le camp audacieux :

Qui ont passé pour vous sur les Alpes chenuës,
Bravachement foulé l'Apennin porte-nuës,
Traisnans vos sacrés Lis és champs siciliens;
Qui ont fait voir au Rhin et aux bouillons du Tage
Combien devotement ils vous rendoient hommage,
Et que rien n'attachoit leur cœur, que vos liens.

Mais sutout ces eslans, ces effets et ces flâmes
Qui ont si fort agi sur les françoises âmes,
Ont paru à la mort de nostre grand HENRY :
Car elles lui ont fait autant de mausolées,
Comme l'on en pouvoit nombrer de desolées
De se voir enlever un thresor si cheri.

Puis, comme si un nœud les mariast ensemble,
A mesme temps ce zele en un corps les assemble
Près le Ciel où souloit luire son beau Soleil.
Là, chacune, à l'envi, promtement se vient rendre,
Pour garder le phenix qu'avoit produit sa cendre
En courage à son pere, et en vertus pareil.

Comme on voit à l'entour de leur ruche mielleuse
Des abeilles voler, la brigade, soigneuse,
De sa douce despoüille en chasser le pillard,
Ainsi voit-on la France et son peuple fidelle
Autour de nostre Roy faire la sentinelle,
L'accompagnant tousjours du cœur et du regard.

Partant, continuons, celestes Androgynes,
A nourrir ce brandon tousjours dans nos poitrines,
Sans promettre jamais qu'il s'aille amortissant :
Car ainsi nous verrons avec telle abondance,
Multiplier en nous son heureuse semence,
Que sans cesse nos mains s'en iront emplissant.

SUR LE BALET DES BERGERS

ELEGIE

Pasteurs, ouy, estes-vous, grands mareschaux de France,
Vrais pasteurs de nos champs, esquels en asseurance
A present nous goustons le fruit delicieux
Que par vostre moïen la paix, fille des Cieux,
Y produit à foison, où naguieres la rage
Des meurtres estaloit son carnacier ouvrage ;
Où nos craintifs troupeaux, çà et là escartés,
A la merci des loups rôdoient de tous costés,
Et veufs de tout support, jusques dans leurs estables,
Dessous nos ennemis, languissoient miserables.
Pasteurs estes-vous bien, puisque par vostre acier,
Celui qui depuis peu ouvroit nostre gosier
Maintenant rebouché, ne peut plus entreprendre,
Jusques dans nos foyers, nostre pur sang espandre.
Pasteurs certainement, veu que tousjours d'un œil
Porté sur nous, ou soit que luise le Soleil,
Ou que sa brune sœur après lui se promeine,
Vous ne laissez endroit de nostre grasse plaine,
Que l'esclatant rayon de vos subtils regards
Ne rende entierement ferme de toutes pars.

Pasteurs, ouy, mais yssus de ce foudre de guerre
Cyrus, cher fils de Mars, lequel, comme un tonnerre,
Passa dessus l'Asie, et quittant ses brebis
Ses agnelets bêlans, ses porcs et ses herbis,
Au lieu d'une houlette endossa la cuirace,
D'un morion timbré couvrit sa fiere face;
Et decochant ainsi qu'un boulet orageux
Qui entame ensoufré le ventre nuageux,
D'une noire tempeste asservit la Medie,
Le Bactre, le Persan, l'Egypte, la Lydie,
Le Parthe au trait aigu, le prompt Assyrien,
La Carie, Phenice, avec le Tyrien,
Et l'empire Medois, que, pour digne salaire
De ses faits, il laissa aux siens hereditaire.

Pasteurs, ouy, mais rameaux du tronc de ce berger,
Le brave Romulus, qui, las de pascager
Ses moutons, chastia le cruel Amulie,
Restablit son ayeul au thrône d'Italie,
Près le Tybre leger, sur sept moïens coupeaux,
Où peu auparavant reposoient les troupeaux
Des villageois voisins, esleva des estages
Liés par le ciment de si heureux presages;
Que ceste Rome enfin (ainsi furent nommés),
Grosse de nourrissons par l'honneur animés,
Enfanta le plus grand colosse de victoire
Qui à nos siecles ayt envoyé sa memoire.
Car depuis les marais où Apollon penchant
Se repose lassé, jusques où arrachant
Ses coursiers au sommeil, il commence sa peine,
Elle ne fist de tout seulement qu'un domaine.

Ainsi, vous, nos pasteurs, soigneux Pans de nos Lis,
Alors qu'ils ont esté rudement assaillis

Du monde européan, par force et par prudence
Avez-vous empesché que ceste violence
Ne les fist chanceler : aujourd'huy tellement
Leur tige estançonné, que nul escroulement
Ne les peut plus mouvoir : et mis leur renommée
A un si rare prix, que maintenant semée
En tous les lieux du monde, elle met au rabais
Ce qui fut onc de grand, et qui sera jamais.

SUR LE SECOND INTERMEDE OU PARURENT LES TRITONIDES

ODE

Cessez, escrivains flatteurs,
D'emplir vos cayers menteurs
De la memoire d'Orphée
Qui a rendu, dites-vous,
En sa caverne eschauffée
Pluton amiable et doux.

Il a retiré des fers
Du monarque des enfers
Son amoureuse esperance,
Et aussi bien comme aux cieux,
Il y fist voir la puissance
De son luth melodieux.

Toutefois, le saint brandon
De l'archerot Cupidon
Lui en partage la gloire ;

Car sans le grand Dieu d'Amour
Il n'eust eu ceste victoire,
Ny jamais reveu le jour.

Doncques encor une fois
Cessez de loüer sa voix
Et sa lyre charmeresse,
Pour escouter les accords
Que la nostre vainqueresse
Fait retentir sur nos bords.

La nostre dont l'union
Et la pure affection
Sont les touches et les cordes,
Le plaisant son musical,
L'eclypse des longs discordes
Qui nourrissoient nostre mal.

Son, d'un pouvoir bien plus grand
A l'oreille qui l'entend,
Que celui des tours Cadmées,
Or qu'Amphion le mignard,
Eust de pierres animées
Eslevé leur haut rempart.

Son, qui nourrist dans nos cœurs
Les amoureuses liqueurs
D'une paix tousjours durable,
Puisqu'il est vray que l'effect
Suive sans cesse immuable
La cause dont il est faict.

Son fatal à ces Demons
Qui couvent dans leurs poulmons,

Le bris de nos vieux naufrages ;
Et chasse par ses accens,
Tant le corps que les nuages,
De nos malheurs languissans.

Mais ce n'est merveille aussi
Que nostre harmonie ainsi
Sur toutes autres excelle ;
Veu que ses mesures n'ont
Leurs mouvemens que de celle
Où toutes les vertus sont.

Toutes, ouy, puisqu'on les voit,
Avoir choisi pour leur toit,
Nostre Princesse MARIE,
Qui comme un saint Pantheon,
Que leur a fait l'Hetrurie,
Les tient en protection.

SUR LES PARALLELES DE MADAME SŒUR DU ROY, AVEC MINERVE

STANCES

Ouy bien elle est vraiment nostre grande Princesse
Des murs Atheniens la tutrice Deesse,
Où, pour la façonner, son modele fus pris ;
Car pour former les Dieux d'une dextre naïve,
Il en faut voir les traits en leur image vive,
Sur peine d'encourir le blason du mespris.

Aussi la voyons-nous estre du tout esgale
En vertus, en beautés, et en race royale
A l'antique Pallas, fille de Jupiter.
Et si nous deseignons de mesurer entr'elles
D'un filet bien esgal leurs justes paralleles,
L'autre sera contrainte enfin de lui quitter.

Si son Jupin branloit le sceptre des tonnerres,
Le nostre souverain tenoit celui des guerres,
Foulant l'or esmaillé d'un thrône glorieux,
Encores avoit-il cela de preminence,
Que sur des peuples vifs il monstroit sa puissance,
Et l'autre aux habitans insensibles des Cieux.

La premiere Pallas, de pied en cap armée,
Triomphoit de Gorgone, et sa main enflàmée,
De son pere lançoit les foudres justiciers.
Elle estoit d'un chacun et du public gardienne;
Son image tomba en la ville Troyenne,
Et donna aux humains le fruit des oliviers.

Nostre Minerve aussi a la riche parure
De ses rares vertus pour une forte armure,
Qui la rend insensible aux traits voluptueux,
Vertus qui n'aspirant qu'aux celestes delices,
Mesprisent les appas pernicieux des vices,
Pour joindre de l'honneur le seüil majestueux.

Ses beautés, ses attraits, son maintien et sa grâce,
Des yeux par trop hardis font en marbrine glace
Changer les mouvemens, et les corps et les cœurs.
En cela, toutefois, aux autres dissemblables,
Qui avoient veu Meduse et ses crins dommageables,
Qu'ils souspirent tousjours après leurs doux vainqueurs.

De son front flamboïant, les Planetes jumelles,
A esclairs redoublés jettent tant d'estincelles,
Que leurs foudres cuisans nul ne peut soustenir,
Estincelles qui ont, dedans les flots du Tage,
Allumé les flambeaux d'un sacré mariage,
Et qui de leur clarté font nostre jour venir.

Foudres qui ont contraint le grand Prince d'Espagne,
Or, que de toutes parts son empire se bagne
Au berceau de la mer, à prendre d'eux la loy,
Qui l'ont tant eschauffé de leur plaisante flâme,
Sans relâche bruslant tous les coins de son âme,
Qu'il veut vivre par eux, ou n'estre point à soy.

La fortune publique et la particuliere,
De nos Lis et d'amours, sous l'ombre singuliere
De son hymen, repose en toute seureté,
Et le Ciel, desireux de nous faire connoistre
Qu'il vouloit nostre bien par ces presens accroistre,
Son saint Palladium en nos champs a jeté.

Enfin, pour espancher du tout avec largesse,
Sur nous, de ses faveurs la fertille richesse,
Elle joint l'olivier à nos royales fleurs.
Ou pour le dire mieux, elle est l'olive mesme,
Qui versée dessus nostre langueur extresme,
D'un pretieux dictame en oste les douleurs.

FIN

LES VERS

RECITEZ EN UN MOMON

PRESENTÉ A LA ROYNE

le dimanche 21 de février, à dix heures du soir, en presence du Roy ([1])

([1]) Sans nom de libraire et sans date (1616), in-8 de 8 pages.

LES VERS

RECITEZ EN UN MOMON

Tousjours les grands Monarques ont eu en singuliere recommandation les heures convenables en leur exercice, comme jeux, bals, tournois, ballets, momeries et autres legeres occupations pour quelquefois distraire leurs esprits des diversitez de sujets qui pourroient assieger leur pensée et inquieter la raison et le jugement.

Le Dimanche 21 de Fevrier, après la collation faite par leurs Majestés, en la maniere accoustumée, en presence de plusieurs Dames et Seigneurs de la Court, entrerent une Mascarade en bonne compagnie qui presenterent un Momon à la Royne avec les vers qui s'ensuivent.

VERS RECITZ POUR LA ROYNE

ADRESSEZ AU ROY

Grand Roy, qui touschez le sommet
De Fortune et de Nature,
Vous aurez la bonne adventure
Par celle qui vous la promet ;
Mais n'esperez point de ressource
Des attraits de son œil vainqueur,
Car les autres prennent la bource,
Mais elle desrobe le cœur.

LES PORTEURS DE MOMON

A LA ROYNE

Bel astre qui doux et riant
Nous force des autres mobiles,
Vient d'Occident en Orient
Dissiper nos vapeurs civilles,
Les meilleurs François esjouys
De voir que nostre grand Louys
Possede tes beautez extresmes,
Veullent en te donnant leur foy
Se joüer et se perdre eux-mesmes,
Pour avoir l'honneur d'estre à toy.

Ne dedaigne pas de joüer
Contre un Momon tant souhaitable

Nous te ferons un jour loüer
Par toute la terre habitable,
Car sous Louis, tousjours vainqueur,
Nous t'affermirons tous le cœur,
Digne d'honorer la victoire,
Si prevenant nos volontez,
Tu ne nous ostes cette gloire
Les conquerant par tes beautez.

Mais nous voulons gaigner de toy
Qu'aussitost que les Destinées
Auront sur nostre aymable Roy
Fait couler deux ou trois années,
Tes grâces et tes doux appas
N'empescheront plus que ses pas
Ne tournent vers la Palestine
Et ne l'emportent au Levant
Replanter l'Eglise Latine
Et fouler aux pieds le turbaut.

Quelque jour, un Dauphin viendra
Du chaste enclos de tes entrailles,
Qui contre tous nous maintiendra
Estant le foudre des batailles ;
Alors on verra les François
Faire ses paternelles loix
Florir par les pays estranges,
Croyant que de Louys l'heritier
Sera tout comblé de louanges
Comme Henry son devancier.

Ces deux couronnes en un monceau
Seront unies à sa naissance
Et feront roouller son berceau

Par les p... .s grands Princes de France,
Qui l'aimant de tout leur pouvoir,
Viendront à un instant revoir
Ce qu'à leur devoir les convie,
Employant toute leur valeur,
Voire tout leur bien et leur vie,
Pour l'entretien de sa grandeur.

Cela dit, après avoir pris congé des leurs Majestez, chacun se departit.

FIN

DISCOURS AU VRAY

DU

BALLET DANSÉ PAR LE ROY

(LA DÉLIVRANCE DE PERSÉE)

le dimanche 29° jour de janvier 1617 (¹)

---

(1) Avec les desseins tant des machines et apparences différentes que de tous les habits des masques. *Paris, Pierre Ballard,* 1617, in-4.

AU ROY

Sire,

Armide s'apparut, il y a quelque temps, à moy, et me fit des reproches de ce que n'estant pas contant que le Tasso eust fait voir ses passions sur les plus renommez theâtres du monde, je les avois encores fait servir de sujet de Ballet, pour faire rire les beautez de vostre Court de l'impuissance de la sienne; mais quand je luy dis que vostre Majesté (amoureuse des grandes actions) avoit choisi la delivrance de Renault, parmy beaucoup d'autres sujets que je lui avois presentez: et que s'il estoit encores prisonnier, vous iriez vous-mesme le tirer de ses mains, elle changea de langage pour m'asseurer qu'autant que sa perte luy avoit esté honteuse, autant elle tenoit à gloire que vous y eussiez pris plaisir. J'avoue que la grâce qu'elle eust à me donner ceste asseurance ayda beaucoup à me faire croire que si vostre Majesté s'estoit servie de moy en l'invention et disposition de son Ballet, elle n'auroit point de desagreable que j'en publiasse la beauté. Mais quand je connus que la Court, desjà glorieuse en la possession d'un si grand Monarque, mouroit d'envie d'avoir en ses mains de quoy se souvenir que luy-mesme s'estoit abaissé pour luy plaire, j'entrepris plus hardiment de faire voir au jour ces prophetiques plaisirs d'une nuit si gayement passée, et les adresser maintenant à vostre Majesté, afin que son nom les deffende contre le temps qui semble desjà les avoir envieillis, et que daignant voir ce qu'elle a pris plaisir de faire, elle authorise les tres-humbles services que luy a rendus et desire rendre toute sa vie,

Son tres-humble et tres-fidelle suject,

DURAND.

DISCOURS AU VRAY

DU

BALLET DANSÉ PAR LE ROY

Ce n'estoit point assez que Renault eust autrefois esté delivré des charmeuses prisons d'Armide, il falloit encores que les deux plus grandes et plus vertueuses Roynes du monde vissent representer sa delivrance, afin qu'après leur jugement personne n'accusast plus Renault de perfidie, ou ne plaignist Armide d'avoir perdu ce qu'elle aymoit imprudemment. Desjà leurs Majestez l'avoient plusieurs fois condamnée, et toutes leurs actions monstroyent que si elles estimoient en Armide le sexe qui leur estoit commun, elles y blasmoient les voluptez et les tromperies qu'elles eussent voulu n'estre point sçeuës. Le Roy mesme, qui peut (ce semble) donner plus de licence aux appetits, a fait connoistre à tout le monde qu'il n'estimoit aucune volupté loüable que celle qui naissoit de la vertu, en voulant que la delivrance de Renault fust le sujet de ses plaisirs : plaisirs vrayement royaux et dignes d'une telle Majesté que la sienne; car si la sumptuosité des appareils estonna tous ceux qui les virent, l'ordre gardé dans la salle, la ravissante Majesté des Roynes, le grand nombre des Princesses parées, la magnifique beauté des autres Dames, les diamants entassez sur les habits et les coiffures, et la judicieuse conduite des differents Ballets, firent avoüer aux plus medisans que pour ceste fois, il leur falloit taire (s'ils ne vouloyent changer de langage), et les autres qui donnent aux choses ce qu'elles meritent, ne se peurent tenir d'avoüer qu'ils eussent esté faschez que Renault n'eust point esté prisonnier, pour estre delivré de la sorte.

Rien n'estoit encore paru qu'une si grande perspective de palais et paysage reculé, qui cachoit le jardin d'Armide à tous les spectateurs, quand on entendit un grand concert de musique, dont les concertans estoyent cachez, et pouvoyent neanmoins voir toute l'assemblée au travers des fueillages qui les couvroyent. Ceste musique, composée de soixante et quatre voix, vingt-huict violles, et quatorze luths, estoit conduite par le sieur Mauduit, et tellement concertée, qu'il sembloit que tout ensemble ne fust qu'une voix, ou plustost que ce fussent ces oiseaux qu'Armide laissoit à l'entour de Renault pour l'entretenir en son absence, ayant pouvoir de contrefaire les voix humaines, et de chanter les plaisirs de l'amour, avec les persuasions contenues en ces vers (faits et mis en musique par le sieur Guedron, intendant de la musique de sa Majesté):

Puis que les ans n'ont qu'un printemps,
Passez, amours, doucement vostre temps,
Vos jours s'en vont et n'ont point de retour,
Employez-les aux delices d'Amour.
Employez-les aux delices d'Amour.

Ceste musique cessant au signal que le Roy luy fit donner, se perdit la perspective premiere qui la cachoit, et parut la montaigne pourtraicte en la premiere planche qui se verra cy après. Renault (representé par Monsieur de Luynes, premier Gentilhomme de la chambre de sa Majesté, et son Lieutenant general au Gouvernement de Normandie) estoit couché sur l'herbe et sur les fleurs, au dedans d'une grotte enfoncée dans le milieu de ceste montaigne. Au-dessus et à l'entour de ceste grotte estoit Sa Majesté, accompagnée de douze Seigneurs, representant autant de Demons laissez par Armide à la garde de son bien aymé, avec charge de lui faire passer le temps en tous les delices imaginables. A chacun des costez de ceste montaigne estoit une roche se perdant dans les nues, qui sembloient rouller au-dessus. Et tout ensemble avec les bocages des costez (où se cachoit le corps de la musique precedente) occupoit la largeur de la grande salle du Louvre, où fut faitte ceste action.

Pas un ne vit ceste montaigne ornée d'une si bizarre beauté, remplie de personnes si inventivement masquées et vestues, et si claire par les brillans et broderies rejaillissantes contre les flambeaux opposez, qui ne creust estre en quelque agreable songe, ou qui ne prist pour

Demons veritables ceux qui les representoyent seulement.

Ce ne fut pas sans choix ny raison que le Roy voulut representer icy le Demon du feu et se couvrir de flâmes comme il est pourtraict en la seconde planche, car outre que sa Majesté voulut faire voir à la Royne sa femme, quelque representation des feux qu'il sentoit pour elle, il se vestit encores de la sorte à desseing de tesmoigner sa bonté à ses sujets, sa puissance à ses ennemis, et sa Majesté aux estrangers; il sçavoit bien que c'est le propre du feu d'epurer les corps impurs et de reünir les choses homogenées et semblables, separant l'or et l'argent de toute autre matiere moins noble et moins riche, comme c'est le principal desir de sa Majesté, de rappeler tous ses sujets à leur devoir et les purger de tous pretextes de desobeissance. Il sçavoit bien, dis-je, que le feu court après la matiere combustible et ne consume rien en son lieu naturel; ains sert à l'entretien des creatures inferieures et donne contentement a ceux qui le voyent d'une distance proportionnée : de mesme que sa Majesté destruict facilement ceux qui l'outragent, et n'employe son authorité qu'à la conservation de ses peuples, ou l'agrandissement de ceux qui l'approchent avec le respect qui luy est deu. Bref, il cognoissoit que le feu est le plus eslevé de tous les elemens, comme luy le plus grand de tous les hommes; que le feu ne peut estre enfermé, ny borné, que de ses bornes naturelles, comme luy ne peut estre limité que par la puissance divine et sa propre volonté; et que les Esprits qui sont les plus proches de Dieu entre les hierarchies celestes, estant appelez Seraphins, qui signifie feu eschauffant, il doit aussi affecter une qualité si agreable à Dieu mesme, comme estant le plus proche et le plus aymé de luy parmy les hommes.

C'est pour toutes ces raisons qu'il se voulut couvrir de flammes, et ses flammes estoyent esmaillées et faites avec un tel artifice, que le feu mesme se rendoit plus esclatant par elles, lorsque les rayons des flambeaux innombrables de la salle estoyent adressez dessus, et que ceux qui les regardoient en recevoyent la reflexion. Son masque et sa coiffure estoyent de mesme composition que son habit, et n'eust esté la douceur extresme de ses actions, on eust creu que dès lors sa Majesté s'estoit couverte de feu pour consumer ses ennemis.

Ainsi vestuë et couverte de flammes, elle descendit les degrez d'un petit theâtre eslevé de trois pieds seulement, au son de vingt-quatre violons representant autant d'Esprits, logez en une niche separée pour servir aux differens actes du Ballet, et comme si sa Majesté eust repris Renault d'estre sorty sans son congé (parce que desjà il s'estoit avancé dans la salle), elle le ramena jusques au milieu, et dansa avec luy jusqu'à ce que Monsieur le chevalier de Vendosme (representant le Demon des eaux) et Monsieur de Mompoullan (un Esprit de l'air) descendirent de la montaigne pour les venir joindre. Tous quatre sont signalez par differens nombres en la seconde planche, sa Majesté par l'unité, Monsieur de Luynes par 2, Monsieur le chevalier par 3, Monsieur de Monpoullan par 4. Et chacun des pourtraicts exprime si naïvement leurs habits, que la description en restant inutile, c'est assez de dire que leur entrée fut ornée de si belles dances, si diverses figures, et si follastres actions, qu'ils laisserent à ceux qui les veirent une creance de ne pouvoir rien voir de mieux, et aux autres masques une aprehension de n'avoir plus de quoy se pouvoir faire regarder.

Tandis qu'ils achevoyent leur Ballet, et que desjà Renault, se voulant reposer, s'acheminoit vers sa grotte, Monsieur le comte de la Roche-Guyon (pour le Demon de la chasse, marqué 5 en la planche suivante) et Monsieur le general des Galleres (tenant lieu du Demon des foux, marqué 6) descendirent de la mesme montaigne, dont estoit sortie sa Majesté et sa suitte : mais si l'invention de leurs habits fut extravagante et gentille, la justesse de leur dance, et le rapport de leurs gestes fut autant inimitable, que les premiers s'estoyent creus sans comparaison : on douta longtemps s'ils n'avoyent point appris quelque chose des Demons mesmes, et si les hommes pouvoyent avoir autant de promtitude et de conduitte tout ensemble.

Mais quand ces seconds cesserent de dancer, et que Monsieur de Liancourt (representant un Esprit follet signallé en la planche suyvante par 7), Monsieur de Blinville (le Demon du jeu, par 8), Monsieur de Challais (celuy des avaricieux, par 9) et Monsieur de Humieres (celuy des villageoises, aussi remarqué par 10) ; quand, dis-je, ces quatre nouveaux Demons descendirent de leur montaigne, pour venir chercher Renault qu'ils ne voyoient plus, les regardans estonnez de ce qu'ils avoient veu revinrent à eux par l'estonnement de ce qu'ils voyoient, et l'extraordinaire disposition des personnes, joincte à la bizarre rencontre des habits, avec la difficulté des pas si facillement surmontée, firent avoüer à tous que la merveille surpassoit de bien loing la creance qu'ils avoyent euë de leur perfection.

Encores la bonne fortune de l'assemblée ne s'arresta-t-elle pas au plaisir que leur donna ceste troisiesme entrée; une quatriesme (representée en la cinquiesme planche) la suyvit et luy fit dire que les admirations estoyent vaines, ou les miracles se suyvoient. Monsieur le marquis de Courtanvault (au lieu d'un Esprit aerien, marqué 11), Monsieur le comte de la Rochefoucaut (comme le Demon de la vanité, marqué 12), Monsieur de Brantes (pour le Demon des Mores, marqué 13), et Monsieur le baron de Palluau (representant le Demon de la guerre, marqué 14) furent les quatres qui sortirent les derniers de la montaigne; mais ils ne furent pas les derniers en l'estime que l'on fit des personnes et des actions : l'ordre gardé dans leurs dances, la majesté de leurs habits, et la beauté de leurs figures, fit quasi oublier ce qu'auparavant on avoit admiré, et chascun ne sçavoit à quoy se plaire pour avoir trop de plaisir.

Un nouvel ayse fit bientost perdre ce doute; car Renault ressortit de sa grotte avec tous les Demons qui l'avoyent cherché ou suivy, et se joignans tous avec les quatre restans, dançerent un Ballet de quatorze, si different des premiers en nombre et en beauté, qu'il eut tout seul les applaudissements qu'avoyent eus tous les autres, et qu'en finissant on se plaignit qu'il avoit trop peu duré. Tous les Demons s'evanoüirent, et lors se commença la delivrance de Renault, car deux cavalliers (armez à l'antique, et marquez en la planche suyvante par 15 et 16, l'un portant une baguette et l'autre une carte avec un escu argenté et luysant comme un miroir) entrerent par dedans une feuillée eslevée à costé de ceste montaigne, et dançerent quelque temps sous un air de trompette, si artificieux et si beau, qu'on eust souhaité ne l'entendre jamais finir. Ces chevalliers (n'ayant autre but que la delivrance de Renault) n'eurent pas long temps paru dans la salle, qu'ils se retournerent vers la grotte premiere où ce heros avoit paru. Armide, qui n'en estoit sortie qu'après avoir disposé ses Demons à sa garde, leur fit voir à l'abbort le premier effect de ses charmes: car ceste montaigne se tourna d'elle-mesme, les rochers des costez secoüerent leurs testes qui sembloyent immobiles; tout changea d'un instant, et en leur place parut ce qui est representé en la sixiesme planche : sçavoir de beaux jardinages occupans la largeur de la salle, et dans ces jardins trois grandes fonteynes rustiques. Celle du milieu jettoit son eau d'une trompe en niche, eslevée au-dessus d'un bassin dont les gargouilles jaillissoyent contre la trompe comme si elles eussent esté faschées qu'elle leur derobast la veüe du ciel qu'elle leur cachoit. Les deux fonteynes des costez pissoyent à travers le stucq incrusté sur le pendant d'une roche, qui sembloit preste à tomber sur les bassins entourés de petits arbrisseaux, et d'un nombre infini de fleurs.

La nouveauté de cet aspec arresta quelque temps les cavalliers; mais se ressouvenant des advis qu'on leur avoit donnez, ils se servirent de leur baguettte pour destruire ces magiques puissances d'Armide. Au premier coup que ces trois fonteynes en receurent, toutes trois se fixerent, l'eau cessa mesme de couller, et l'or esclatant dont elles estoyent enrichies, perdit le plus beau de son lustre. Un nouveau charme encore leur donna nouvel estonnement, car une Nymphe eschevelée et toute nuë sortit du bassin de la fonteyne du milieu, et tandis que les cavalliers cherchoient passage pour entrer dans le jardin, elle chanta ces vers faits par Bordier, recitez par un des pages de la musique du Roy.

    Quelle pointe de jalousie
    Vous a mis en la fantasie
De troubler des amans qui, libres et contens,
    Cueillent la fleur de leur printems ?

    Laissez Renault loin des armées
    Qui sont dans les champs Idumés;
Il doit, jeune qu'il est, donner à son desir
    Moins de gloire et plus de plaisir.

    Amour, dont son cœur est le temple,
    L'empesche de suivre l'exemple
De ces foibles esprits qui rendent leur bonheur,
    Suject aux loix du poinct d'honneur.

Il doit plustost faire la guerre
Sous Amour qui peuple la terre,
Que de perdre la fleur de ses jours les plus beaux,
Sous Mars qui peuple les tombeaux.

Ce Dieu causant mille supplices,
Il vaut mieux, parmy les delices,
Avoir de son vivant quelque doux reconfort,
Que des autels après sa mort.

Puisque l'homme retourne en poudre,
Pour sa gloire il se doit resoudre
De repaistre plustost les flames d'un bel œil,
Que les vers qui sont au cercueil.

D'autres que ces cavalliers eussent esté arrestez par la douceur de la voix ou la beauté de la Nymphe ; mais leurs oreilles et les vuës estoyent bouchées, et leurs baguettes supplcant à leur courage (qui leur deffendoit d'employer des armes sur une femme belle et nue comme estoit celle-là), ils la forcerent de se replonger en l'eau dont elle estoit sortie pour les arrester.

Aussitost parurent six differents Monstres pourtraicts en la septiesme planche, deux desquels avoyent la teste, les aysles et les pieds de biboux, avec le reste du corps couvert d'un habit de jurisconsulte, sçavoir d'un bonnet quarré, d'une soutanne et d'une robbe noire ; deux autres avoyent la teste, les bras et les jambes de chien, le reste du corps rapportant à un païsan ; et les deux derniers ayant teste, bras et jambes de singe, representoyent une fille de chambre, jeune et parée selon l'usage present. Ces Monstres plaisans et difformes tout ensemble, attaquerent les deux cavalliers, comme ils entroient desjà dans le jardin, et eux leur resistant par les armes, et par la puissance de la baguette, leur contraste donna lieu à un Ballet de bouffonnerie et de gravité entremeslée, qui n'eust pas la derniere place en la loüange de ceux qui les regarderent.

Enfin, il s'acheva comme les precedents, et s'achevant les Monstres s'enfuyrent, tandis que Renault, transporté d'ayse, en la possession de son Armide, estoit couché sur les fleurs que l'eau de ses fonteynes arrousoit en tombant, et chantoit ces vers faits par Durand :

    Deitez qui, libres d'ennuis,
N'avez rien de sujet aux maux de nostre vie,
    Contant de l'estat où je suis,
    Je ne vous quitte point d'envie ;
Car Amour me donnant ce qu'il a de plus doux,
D'un mortel comme moy fait un Dieu comme vous.

    Si la clarté d'un beau soleil,
Le soir et le matin luit à vostre demeure,
    Dedans les attraits d'un bel œil,
    Je puis reconnoistre à toute heure
Qu'Amour voulant donner ce qu'il a de plus doux,
D'un mortel comme moy fait un Dieu comme vous.

    Armide, mon plus cher soucy,
Estraint ma liberté d'un nœud si desirable,
    Que n'estant point captif ainsi
    Je croirois estre miserable,

Et ses yeux tout puissans ont des charmes si doux,
Que leur seule vertu me fait Dieu comme vous.

  Mais, helas ! jaloux de mon mieux,
Vous m'ostez si souvent les regards de ma belle,
  Qu'il faut croire que dans les Cieux
  Vous mourez tous d'amour pour elle,
Ou que vous ne pouvez souffrir qu'un œil si doux,
D'un mortel comme moy face un Dieu comme vous.

  Au moins, si vostre cruauté,
Pour avoir trop osé, me veut faire la guerre,
  Faites-moy revoir sa beauté,
  Et puis m'effacez de la terre ;
Pourveu que je trespasse auprès d'un œil si doux,
Je ne me croiray point estre moins Dieu que vous.

Les cavalliers, plains d'ayse et d'ardeur en la rencontre de ce qu'ils cherchoyent, s'arresterent tout court à l'entrée de ce jardin, et faisant voir Renault à luy-mesme dans l'escu de cristal qu'ils avoyent apporté, l'emmenerent hors de ce lieu enchanté, jusques au milieu de la salle, où ce guerrier eut telle honte de sa jeunesse ainsi passée, que ses carquans luy furent des meurtres reprochables, ses dorures des taches infâmes, et sa demeure voluptueuse une funeste prison, dont à l'heure mesme il desira de sortir. Aussi, la huitiesme planche le represente tel, tout honteux et furieux tout ensemble, brisant ses chesnes en passant auprès de ce jardin, qui paravant luy sembloit entouré de precipices, et fuit aussi soudainement la presence d'Armide qu'ardamment il en avoit souhaité la veuë.

Armide accourt esplorée sur les lieux que Renault a laissez; elle voit ses fontaynes taries, ses Nymphes muettes, ses Monstres chassez, et bref, tout son jardin changé de ce qu'il estoit auparavant. Alors ceste maison choisie par elle pour ses delices, est le lieu de son desespoir : alors elle esprouve que l'Amour ne s'attache point par d'autres charmes que par les siens; alors, dis-je, elle apprend que les plaisirs du vice aboutissent à la douleur, et qu'il faut tost ou tard que l'Amour face une action d'un Dieu qui porte des aysles. Le depit prend la place de sa bonne volonté, et luy fait appeler ses Demons par des conjurations toutes nouvelles; mais il semble que ces malicieux ministres apprehendassent de l'apprecher, ou que selon la nature de l'affliction qui appelle les risées de tout le monde, ils prissent plaisir à se mocquer de son inquietude. Tous ces Demons sont pourtraicts en la neufviesme planche : sçavoir, trois en forme d'escrevisse, deux en tortues, et deux en limassons, et tous sortirent de dessous des antres obscurs, à mesure qu'Armide (qui est pourtraicte au milieu d'eux) redoubla ses conjurations.

L'enchanteresse, depitée de voir ses Demons sous ces formes moqueuses, fit de nouveaux caracteres, prononça de nouveaux mots, et chanta ces vers faits par Bordier :

Quel subit changement! quelles dures nouvelles!
    Dieux, qu'est-ce que je voy?
Osez-vous bien, ô Demons infidelles,
    Paroistre devant moy?

Esprits les plus trompeurs de l'infernale bande,
    C'est un faire le faut,
Parlez, Demons, Armide vous demande
    Qu'est devenu Renault?

A l'avril de ses ans quelque accident funeste,
    Seroit-il arrivé,
Ou Jupiter, en la maison celeste,
    L'auroit-il enlevé?

Non, non, l'amour du change où l'humaine malice
    Se laisse aller souvent,
Fait qu'à mon dam son cœur plein d'artifice
    A mis la voile au vent.

Quoy donc? ni la beauté, ny les faveurs d'Armide
    (O cruel souvenir!),
Ny les sermens de son âme perfide,
    Ne l'ont sçeu retenir!

A la fin de ces vers, les Demons sortirent de leurs coques, et parurent de nouveau comme ils sont pourtraicts en la dixiesme planche, sçavoir en formes de vieilles depuis le nombril en haut, avec grands chapperons à l'antique, ayant la queuë detroussée, un corcet de satin noir, chamarré d'argent; et du nombril en bas, elles avoyent des culottes à l'antique, du satin incarnad brodé d'or, dont les canons descendoyent jusques au bas des genoux. Ces vieilles estoyent bottées et esperonnées, et se peut dire que (jusques icy) rien ne s'est veu de si bizarre et si plaisant que ce Ballet. Marais estoit celuy qui representoit Armide en ses furies et ses chants, et Belleville (qui generalement avoit fait tous les airs et toutes les dances du Ballet) estoit encores le particulier conducteur de tous les Demons invoquez. Tous les deux estans assez cognus n'ont besoing que d'estre nommez pour avoir des loüanges; aussi retourné-je à dire qu'Armide se fit emporter par ses Demons; que son jardin qui, paravant estoit si beau, ne devint plus qu'une caverne deserte et affreuse aux yeux de ceux qui la virent; que tout trembla et changea tout ensemble, au transport de ceste sorciere, et que tous les Ballets d'entrée finirent en ce changement.

Après un moment de relasche (pour donner loysir aux esprits de se porter à nouveaux objects), entra dans la salle un petit bois, cy après pourtraict, dans lequel chantoyent seize personnes vestuës en cavalliers antiques, avec sallades en testes, et grandes plumes pendantes en arriere, qui remplissoient ce petit bois d'une diversité tres-agreable. Ces cavalliers faisoyent un concert de musique conduit par le sieur Guedron, veritablement inimitable en ses sciences, mais particulierement admiré par l'invention de ses beaux airs. Le bois et les hommes sembloyent estre esmeus par la puissance d'un hermite representé par le Bailly qui se peut glorifier d'avoir et d'avoir eu la plus belle et plus charmeuse voix de son temps, et cet hermite tenoit la place du vieil Pierre, par la science duquel Renault fut delivré de sa prison. Les autres cavalliers representoient les soldats de l'armée de Godefroy, qui impatiens de l'eslongnement de Renault, le cherchoyent en chantant ces vers faits par Guedron :

  Allez, courez, cherchez de toutes pars,
  Allons, courons, cherchons de toutes pars,
Ce superbe Renault, le fier vainqueur de Mars,
Dont le cœur genereux en un lointain sejour,
Par l'effort d'un bel œil, est esclave d'amour.

Après ces vers, l'hermite commençoit ce dialogue, en les advertissant du retour de Renault.

DIALOGUE ENTRE UN MAGE ET LES SOLDATS

LE MAGE

  Vostre heros n'est plus en servage,
  Renault est enfin de retour.

LES SOLDATS

  Il a montré qu'un grand courage
  Peut rompre les prisons d'Amour.

LE MAGE

  Il a banny de sa memoire
  L'object du monde le plus beau.

LES SOLDATS

Un noble cœur sauve sa gloire,
Et met ses plaisirs au tombeau.

Et ce dialogue fini, se faisoit une grande musique du concert du sieur Guedron, et de l'autre qui premierement s'estoit fait admirer sous la conduitte du sieur Mauduit. Chascun avoüa que l'Europe n'a jamais rien ouy de si ravissant, et si le nombre de quatre-vingt-douze voix et de plus quarante-cinq instrumens, estant joincts ensemble, faisoit un si doux bruit qu'il ne sembloit point revenir au quart de ce dont il estoit composé. Les vers qui suyvent, faits et mis en air par Guedron, furent ceux qu'ils chanterent ensemble.

Enfin le Ciel a retiré
Ce Renault qu'Amour avoit attiré ;
Ce tiran n'est plus son vainqueur,
Ses feux ne brûlent plus son cœur.

Enfin la raison de retour
Se voit en luy triompher de l'Amour;
Ce tiran n'est plus son vainqueur,
Ses feux ne brûlent plus son cœur.

Il a quitté ceste beauté
Qui n'est rien moins qu'un soleil en clairté ;
Un bel œil n'est plus son vainqueur,
Ses feux ne brûlent plus son cœur.

Tout changea de soy-mesme à mesure que ce petit bois se retira. Aux deux costez du theâtre s'esleverent deux grands palmiers, portant chacun des trophées qui montroyent avoir esté conquis sur les ennemis du nom chrestien; mais pas un ne les considera, car la face du milieu où Godefroy et les chefs de son armée estoyent assemblez pour se resjouïr de l'heureux retour de Renault, attira tant d'yeux à soy, qu'il n'en resta plus pour les trophées. La planche suivante montre bien quelque chose de sa beauté, mais elle en est pourtant autant eslongnée que la pensée des plaisirs est differente de leur realité. Le Roy, comme un autre Godefroy, estoit sur un trosne dans ce pavillon de toille d'or, regardant au-dessous de luy les mesmes seigneurs de sa Court qui l'avoyent accompagné en la representation des Demons, et qui, par cette feinte, tesmoignoyent la veritable envie qu'ils avoyent de le suivre en la mesme action qu'ils representoyent. Tous ensemble parurent à mesure que ce grand pavillon se tourna, et comme on a quelquefois entendu les peuples devotieusement assemblez, s'escrier unanimement en l'apparition de quelque miracle, on ouyt toute l'assemblée donner des applaudissemens à la veuë de ce pavillon enrichy de si rares personnes. L'esclat des pierreries cacha pour un temps la majesté des visages, et soudain après, les visages se faisant connoistre, firent negliger les enrichissements des habits. Il fut douteux encores si les masques paroissoyent immobiles pour l'estonnement de voir tant de beautez, ou si les beautez mesmes ne se mouvoyent point de peur de se divertir tant soit peu de l'agreable veuë des masques. Mais enfin, le Roy donna le signal, chascun descendit pour luy faire place, et tandis qu'il s'avança sur le devant du theâtre, les violons jotterent le grand Ballet.

Ce grand Ballet fut dancé avec tant d'ordre et de disposition, qu'aucun autre devant luy ne se peut vanter de la mesme beauté. Un seul des François ne se peut tenir de benir le Ciel en la gentillesse de son Roy; la Majesté, qui semble contraire à telles actions, estoit tousjours au devant de ses pas, et la grâce n'eust esté que pour luy seul, si ceux qui l'accompagnoyent ne l'eussent par fois derobée pour faire admirer ce qu'ils faisoyent en l'imitant; mais tous ensemble se sentirent de la puissance que sa Majesté eust alors sur les esprits : car ceux qui n'avoyent point de bonne fortune, en acquirent, et ceux qui en avoyent les mirent en point de ne pouvoir estre perduës. Ainsi le Ballet se finit et fit passer une nuit plus delicieuse que la plus belle journée du printemps. Tandis que le grand Bal se dança, et que chacun s'amusa à lire les vers particuliers que le Roy et les seigneurs de sa suitte donnerent aux Dames, sur le personnage que chacun d'eux avoit representé aux entrées.

VERS POUR LE ROY

REPRESENTANT LE DEMON DU FEU, DONNEZ A LA ROYNE

Beau Soleil de qui je veux
Pour jamais souffrir les feux,
Regarde où tu me reduis,
Et cognois ce que tu peux,
En voyant ce que je suis.

D'autres feux ne sont que jeu :
On les estaint peu à peu,
Sans qu'il en paroisse rien :
Mais qui brusle de ton feu,
Ne sçauroit cacher le sien.

Aussi, ne voudrois-je pas
Qu'on ignorast icy-bas
Quelz sont les feux que je sens.
Glorieux est le trespas
Qui vient de traits si puissans.

Si les feux que j'ay sur moy,
Pour aller jusques à toy,
N'ont pas assez de vigueur,
Pour le moins feront-ils foy
De ceux que j'ay dans le cœur.

Mais j'espere quelque jour,
Que la justice d'Amour
Ne te pardonnera rien,
Et que ton cœur à son tour,
Bruslera comme le mien.

DURAND.

POUR LE ROY

REPRESENTANT UN ESPRIT ENFLAMMÉ

Qu'on ne s'estonne point de voir les vives flâmes
Et les divins rayons mes desirs allumans ;
Ce n'est rien de nouveau, si le Soleil des âmes
Embraze de ses feux le phenix des amans.

Thetis qui voulut rendre Achille invulnerable,
Plongé dans l'eau du Styx le fit devenir tel ;
Par un moyen contraire un Astre favorable
Purge dedans le feu ce que j'ay de mortel.

Haste-toy, grand Soleil, tu me fais trop attendre,
Car puisque le Phenix est partout renommé
De renaistre plus beau quand il est mis en cendre,
Mon corps ne sçauroit estre assez tost consumé.
BORDIER.

POUR MONSIEUR DE LUYNES

REPRESENTANT RENAULT AU BALLET DU ROY

Quand la ruse d'un Grec vint presenter des armes
Aux yeux d'un grand heros amolly par des charmes,
Pour l'attirer aux mains avecques l'ennemy :
Ces armes dont Achille alors ne tenoit compte,
Comme dans un miroir, lui firent voir sa honte,
Qui reveilla soudain son courage endormy.

Le mesme est de Renault qui mouroit par Armide :
Ses yeux cessent d'avoir un aveugle pour guide ;
Son cœur n'obéit plus au vouloir d'un enfant,
Et son front glorieux que le myrte environne,
N'aspire qu'aux lauriers dont la riche couronne
Des siecles à venir le rendra triomphant.

Il contemple une flâme et plus claire et plus nette
Que la flâme qu'espand l'amoureuse planette
Dont le rayon trompeur perd les plus grands cerveaux
Il vogue en une mer dont la guerre est l'orage,
Et du celeste feu qui guide son courage
Marie et Godefroy sont les astres jumeaux.

BORDIER.

POUR MONSIEUR LE CHEVALLIER DE VENDOSME

REPRESENTANT UN ESPRIT AQUATIQUE

D'où puis-je attendre qu'il succede
A mes ennuis quelque remede,
Puis qu'un Dieu cause mes tourmens,
Et que l'espoir dont je me flatte
Se voit, d'une façon ingratte,
Trahy mesme des Elemens ?

J'ay creu que ma flâme secrette,
Dans l'onde où j'ai faict ma retraitte,
Pourroit s'amortir peu à peu ;
Mais las ! telle est mon adventure,
Que contre l'ordre de nature
L'eau s'accorde avecques le feu.

Jamais mon ardeur ne s'apaise,
Les glaçons se changent en braise
Par les rayons de deux beaux yeux,
Dont le feu qui dans l'eau s'allume
Ne peut enfin qu'il ne consume
Et l'onde, et la terre et les cieux.

BORDIER.

POUR MONSIEUR DE MONPOULLAN

REPRESENTANT UN ESPRIT AERIEN

Je ne suis point icy plein d'aisles arrivé
Pour estre mis au rang des amans infidelles ;
Mais pour montrer que j'ayme en lieu si relevé,
Que pour y parvenir il faut avoir des aisles.

Cher Astre, ô beau Soleil qui me donnes le jour,
Je sçay bien que la Seine un tombeau me prepare :
Si ne puis-je arrester le vol de mon amour,
Bien qu'il soit menacé de la cheute d'Icare.

Le Ciel, où mes desirs se veulent eslever,
Ne les estonne point de la peur du supplice ;
Car le plus grand honneur qu'il leur puisse arriver,
Ce sera de tomber d'un si haut precipice.

BORDIER.

POUR MONSIEUR LE COMTE DE LA ROCHE-GUYON

REPRESENTANT LE DEMON DE LA CHASSE

Inevitables nœuds des âmes,
Beautez, doux fillets des Esprits,
Avant que d'avoir veu vos flâmes
Je tenois vos cours à mespris.
Je voyois les cerfs aux gagnages
Viander les mesmes herbages,
Dont Ceres se fait des atours,
Quand le froid amant d'Oritye
Guette les fleurs à leur sortie
Pour les porter à ses amours.

Quand le jour cessoit de paroistre,
J'estois contant d'avoir treuvé
Le veneur qui sçavoit cognoistre
Où le cerf s'estoit relevé.
Je luy faisois voir son issuë,
Je luy mettois souvent à vuë,
Je l'allois destourner pour luy,
Et le menant à ses demeures,
Je luy montrois à quelles heures
Il auroit parfait son ressuy.

Je prenois du plaisir aux questes,
Et suyvois les veneurs accorts,
Qui par les pieds jugeant des testes,
Sçavoyent bien enceindre les forts.

J'aymois à voir une assemblée
Où d'une chere redoublée,
On trompoit le chaud ou le froid,
Et d'où les meutes bien conduittes,
Une fois mises sur les suittes,
Ne sortoyent jamais de leur droit.

Bref, je passois mille journées
A regarder mes favoris
Suivant les chiens par les menées,
Demesler bien les hourvaris,
Et n'aymois rien qu'au lieu champestre
Quand les Demons qui souloyent estre
Au jardin d'Armide enfermez,
Revoltez de leur foy promise,
Avec moy firent l'entreprise
De voir ces lieux si renommez.

Mais, ô Dieux ! de combien je treuve
Les bois differens de la Cour ;
Que de beautez servent de preuve
Qu'icy sont les chasses d'amour.
Au lieu d'essayer à surprendre,
Il ne faut penser qu'à se rendre,
Et si le nombre des Esprits
Semble faciliter le change,
On trouve que tout leur meslange
Est encor plus près d'estre pris.

Icy l'on tient en bonne estime
Celuy qui sçait bien redresser ;
On croit le picqueur magnanime
Qui court longtemps sans se lasser ;
Mais je trouve bien fort à dire,

Que le gibbier s'y prenne à rire
Quand il a rendu ses abbois,
Et que les bestes couronnées,
Par le changement des années,
Ne se deffont point de leurs bois.

Encor trouvay-je plus estrange,
Que le veneur le plus rusé,
Ou par la fuitte ou par le change
Soit tousjours enfin abusé,
Et que son but soit son servage,
Comme si pour luy faire outrage,
Cupidon avoit entrepris
De punir ceste audace extresme
Qui s'adresse à la meute mesme,
Dont il chasse après les Esprits.

Mais bien que la prison soit rude
Aux Esprits nourris dans les bois,
J'ayme mieux telle servitude,
Que la liberté que j'avois;
Je tiens à plus grand avantage
De mourir pour un beau visage,
Que de tirer mille animaux,
Et pourveu qu'on me daigne prendre,
On ne se doit jamais attendre
De m'ouïr plaindre de mes maux.

Que Renault s'eschappe d'Armide,
Qu'il change s'il veut de maison;
Je ne puis plus estre son guide,
Puisque je suis mis en prison;
Que mes meutes soyent escartées,
Que mes forests soyent desertées,
Je n'en ay plus aucun soucy :

Et desormais je ne puis croire
Qu'on puisse avoir plaisir ny gloire
En autre lieu qu'en cettuy cy.

DURAND.

POUR M. LE GENERAL DES GALERES

REPRESENTANT LE DEMON DES FOUX

Est-il quelqu'un qui puisse dire
N'immoller point sur mes autels,
Et le jour void-il des mortels,
Sur qui je n'aye quelque empire ?

Ceux qui pour mesurer les Astres,
Nuit et jour guettent par des trous,
Et ne vivant qu'en loups-garoux,
Ne sont-ils pas mes idolastres ?

Ces rimeurs qui, par des paroles,
Pensent survivre à l'Univers,
Et vifs sont rongez par les vers,
Ne vont-ils pas à mes escolles ?

Et ceux-là qui, dans les miseres,
La faim, la soif, la pauvreté,
Combattent pour la pauvreté,
Ne sont-ils pas mes tributaires ?

Ouy, ouy, nulle âme ne s'allie,
Et ne se joint à son suppost,

Qu'elle ne reçoive aussitost
Quelque impression de follie.

Mais parmy ceux qui me caressent,
Les Courtisans ont le dessus,
Et tous leurs vœux sont mieux reçeus
Que ceux que les autres m'adressent.

A toute heure, en branlant la teste,
Et d'un serment bien inventé,
D'une incomparable beauté,
Chacun d'eux vante la conqueste.

Mais surtout j'ayme ces tirades
Qu'ils font de la jambe et du corps,
Et ris de voir les plus accorts
Estre souvent les plus malades.

Aussi sortay-je de ma grotte,
Et viens d'un bout de l'Univers
Leur faire un present de ces vers,
Et leur donner une marotte.
Durand.

POUR MONSIEUR DE LIANCOURT

REPRESENTANT UN ESPRIT FOLLET

L'humeur extravagante où nul fol ne m'esgalle,
Fait cognoistre que j'ayme un objet si charmant,
Que sa beauté divine est un nouveau dedale,
Où les plus beaux Esprits se perdent en aymant.

Qui ne perdroit le sens en voyant ma maistresse ?
Si le Ciel l'eust fait naistre en l'antique saison,
On ne parleroit point des sept Sages de Grece ;
Car son œil plein d'appas eust troublé leur raison.

Un Chevallier volant apporta la flolle
Dont Roland eut moyen de revenir à soy ;
Mais helas ! je crains bien qu'en l'amour qui m'affolle,
La faveur de Daphné n'ait point d'aisles pour moy.
         BORDIER.

POUR MONSIEUR DE BLINVILLE

REPRESENTANT LE JEU

Suivy d'un tas de mal-contens,
Je suis partout en mesme temps,
Nulle puissance ne m'esgalle.
Mon pouvoir s'estend sur les Rois,
J'ay pour demeure principalle
La forest de six quatre et trois.

Mille blasphemes sont ses fleurs,
Mille souspirs suivis de pleurs,
Sont les Zephirs et ses fontaines.
Le sejour en est si fatal,
Que ses routes les plus certaines
Aboutissent à l'hospital.

Ne cherchez point, ô jeunes gens,
Ceste forest, où les sergens

Vous pourroyent conter vostre game ;
Mais en ma maison de plaisir
Qui se nomme le Trou-Madame,
Allez passer vostre loisir.

BORDIER.

POUR MONSIEUR DE CHALLAIS

REPRESENTANT UN ESPRIT AVARE

En terre et sur les eaux je pratique aujourd'huy
Tout ce que l'avarice apprend en ses escolles ;
Du matin jusqu'au soir je chasse au bien d'autruy,
Et l'amour que je fay c'est aux seules pistolles.

Mes porteurs de poulets sont tousjours des sergens,
Gresfiers et procureurs sont mes vrais secretaires ;
De l'humeur dont je suis, j'oblige force gens :
Il est bien vray que c'est par devant des notaires.

Je cheris tellement la couleur de l'escu,
Surtout lors que son poids emporte la balance,
Que je prendrois plaisir à devenir cocu,
Si les cocus portoient des cornes d'abondance.

BORDIER.

POUR MONSIEUR DE HUMIERES

REPRESENTANT LE DEMON DES VILLAGEOISES

Belles lumieres de la terre,
Je viens pour declarer la guerre
Aux vanitez de vos desirs,
Et faire avouer à vous-mesmes
Qu'autant que vos maux sont extresmes,
Autant sont parfaits vos plaisirs.

Toute douceur vous est amere;
Souvent la rigueur d'une mere
Vous fait suivre un vieil imparfait,
Et si quelqu'une est plus hardie,
Elle ne peut, sans qu'on le die,
Se rejouïr d'avoir bien fait.

Mais les filles de la campagne,
Sans qu'aucun mal les accompagne,
Cognoissent l'Amour comme il est,
Et dès que ce Dieu les affolle,
Je leur fais, sans qu'on en cajolle,
Donner leur cœur à qui leur plaist.

Croyez-moy, suivez ma doctrine,
Sans qu'aucun respect vous chagrine,
Venez esgayer vos esprits,
Et vous joüer à la rustique :
Je vous l'auray bientost appris.
DURAND.

POUR MONSIEUR LE BARON DE PALLUAU

REPRESENTANT UN ESPRIT RODOMONT

Mes parfums sont l'odeur de la poudre à canon;
J'ay les champs pour maison, et pour lit des tranchées
La terre est un echo qui ne parle, sinon
Des palmes qu'aux Cesars mes faits ont arrachées.

Caron, las de passer tous ceux que le malheur
Fait trouver au devant de mes armes meurtrieres,
Maudit le bras fatal dont ma grande valeur
Fait paslir les mortels, et rougir les rivieres.

Je voy bien que la terre est le dernier degré
Où se vont arrester mes conquestes nouvelles;
Que le Ciel toutesfois ne m'en sçache aucun gré:
Si je ne l'assaus point, c'est à faute d'eschelles.

BORDIER.

VERS REPRESENTANT LES CHEVALLIERS DE LA TERRE SAINTE

A LA REYNE MERE DE SA MAJESTÉ

Ces braves Chevalliers, qui jugent que la France
Sous l'appuy de vos loix peut vivre en asseurance

De ne plus retomber aux maux qu'elle a soufferts,
Vont au loin, grande Reyne, où l'honneur les appelle
Pour combattre l'orgueil de ce Prince infidelle,
Qui tient la Palestine esclave dans ses fers.

Leurs invincibles cœurs, surmontez par les armes
Qu'eslancent de beaux yeux pleins de feux et de charmes,
Ne souloyent adorer que l'enfant de Cypris ;
Maintenant le Dieu Mars reçoit tous leurs hommages,
Et l'amour des lauriers force leurs grands courages
De quitter les combats dont le myrte est le prix.

Amour, qui fait tousjours des efforts inutiles
Pour amollir les cœurs de ces nouveaux Achilles,
Leur fait voir des beautez qui charmeroyent les Dieux ;
Mais le desir qu'ils ont d'estre mis en l'histoire,
Ne contemple, sinon l'image de la gloire,
Que le Dieu des combats leur met devant les yeux.

Quoy ! ces rares beautez recevront donc la honte
De voir que leurs amans n'en tiennent plus de compte,
Et se laissent aller à de nouveaux appas ?
Non, ils ont beau quitter leurs provinces natales,
Le feu qui les consume est le feu des vestales :
Si rien l'estreint jamais, ce sera le trespas.

Mais ils ont quant et quant le cœur trop magnanime,
Pour languir en repos et se voir en estime
De jeunes Adonis qui craignent les hazards ;
Aymant mieux que des coups leurs visages meurtrissent,
Pourveu qu'estans vainqueurs leurs Dames les cherissent,
De mesme que Venus cherissoit le Dieu Mars.

Ils marchent sous un chef issu de telle race,
Que si l'ambition le portoit en la Thrace,
Le Dieu qui la deffend s'y verroit plein d'effroy.
Quel insensé peut donc mettre en sa fantaisie,
Que le puissant Demon protecteur de l'Asie,
Ne se cache au seul bruit du nom de Godefroy ?

BORDIER.

POUR ARMIDE, CONTENTE DE POSSEDER RENAULT.

O Dieux ! quel est le sort dont je suis poursuivie,
Qui permet que Renault, ce redouté vainqueur,
A qui mes passions vouloyent oster la vie,
Endormi qu'il estoit, m'ayt desrobé le cœur ?

Mes deux mains conspiroient de luy meurtrir la face,
Quand mes yeux le voyant et si jeune et si beau,
Les firent consentir à luy destiner place
Plutost dedans mon cœur que dedans un tombeau.

L'impatiente soif de ma juste colere,
Du plus pur de son sang se devoit apaiser.
Estrange changement ! voyant mon adversaire,
De peur de l'esveiller, je n'osay le baiser.

Soleil, vis-tu jamais de pareilles lumieres
A celles que cet ange alluma dans les cieux,
Alors que son resveil deferma deux paupieres
Qui servoyent de nuage aux rayons de ses feux ?

Ces beaux yeux tout divins dont la douce influence
Un printemps eternel dans les âmes produit,
Firent naistre en mon cœur mille fleurs d'esperance,
Qui par mille baisers se changeront en fruit.

BORDIER.

FIN

VERS

POUR

LE BALLET DE LA REYNE

REPRESENTANT

LA BEAUTÉ ET SES NYMPHES (¹)

---

(1) Par le sieur Hedelin. *Paris, Jean Sara,* 1618, in-4 de 4 feuillets.

VERS

POUR

LE BALLET DE LA REYNE

LA BEAUTÉ

POUR LA REYNE

Je sçay bien que les immortels
Recognoissent tout mon empire,
Et que rien ça bas ne respire
Qui ne me donne des autels;
Mais je quitte ceste puissance,
Et me range à l'obeïssance
D'un juste et d'un aymable Roy,
De qui l'âme en vertus feconde,
Reçoit autant de vœux de moy
Que j'en reçois de tout le monde.

NYMPHE PREMIERE

POUR MADAME

Un nombre d'amants qui m'adorent
Sont venus, les larmes aux yeux,

Me protester devant les Dieux
Que mille flammes les devorent ;
Rien que moy ne les peut ravir,
Ils sont heureux de me servir,
Ne me nomment que leur deesse,
Ne redoubtent que mon courroux ;
C'est hommage, je le confesse,
O Beauté, m'est rendu pour vous.

NYMPHE SECONDE

POUR MADAME DE VENDOSME

On parle de ce Roy des Thraces
Dont les hommes ont fait un Dieu,
Et l'Univers n'a point de lieu
Où son nom n'ait laissé des traces.
Malgré la force et le malheur,
Il fit passage à sa valeur
Par les terres les plus estranges ;
Mais laissant tout ce qu'il acquit,
Il porta toutes ses loüanges
A la Beauté qui le vainquit.

NYMPHE TROISIESME

POUR MADEMOISELLE DE VERNEUIL

La Beauté, tant elle est hardie,
Jadis à Mars osa ravir

Un heros, qu'elle fit servir
A la Princesse de Lydie ;
On blasma ceste lascheté,
Et son renom en fut porté
Moins precieux à la memoire ;
Mais ceux qui sont vaincus par nous,
Au lieu d'en obscurcir leur gloire,
En sont plus estimés de tous.

NYMPHE QUATRIESME

POUR MADEMOISELLE DE VENDOSME

Une Beauté n'a rien d'amer,
Et quoyque son mespris afflige,
Celuy-là qu'elle desoblige
Ne se peut tenir de l'aimer.
Ses rigueurs sont pleines d'amorce,
Sans elle l'Amour est sans force,
Elle a des coups si glorieux,
Et jette une si douce flâme,
Que les plus redoubtez des Dieux
Luy voudroient exposer leur âme.

NYMPHE CINQUIESME

POUR MADAME DE LUYNES

Deesse, vous nous arrestez
D'une si douce servitude,

Qu'on ne peut, sans ingratitude,
Vous demander nos libertez;
Nos âmes sont trop honorées,
Elles ont des chaisnes dorées,
Un joug d'inestimable prix.
Aussi les courages plus braves,
Et les plus indomptez esprits,
Sont esclaves de vos esclaves.

NYMPHE SIXIESME

POUR LA COMTESSE DE ROCHEFORT

Amour, alors que son flambeau
Fit naistre les cruelles flâmes
Par qui les grandeurs des Pergames
Furent mises dans le tombeau,
Eust veu sa gloire diffamée,
Et la Grece tant renommée
Eust abusé de sa valeur,
Et fort mal employé sa peine,
Si la cause de ce malheur
N'eust esté la beauté d'Helene.

NYMPHE SEPTIESME

POUR MADEMOISELLE DE COURTENAY

Les forçats qui, d'un joug de fer,
Endurent les pesantes trames,

Et sur l'onde à force de rames
Traisnent leur vie et leur enfer,
En rompant ce qui les attache,
Sortent avant finir leur tasche ;
Mais quand nous lions un amant,
Quoyqu'il veuille eviter sa peine,
D'un de nos cheveux seulement,
Il ne sçauroit rompre la chaisne.

NYMPHE HUICTIESME

POUR MADEMOISELLE CLINCHANT

Il n'est point d'âme si farouche
De qui l'object d'une Beauté
N'adoucisse la cruauté,
Pour un seul regard qui la touche.
Ceste Nymphe, fille du Ciel,
Aux plus mutins oste le fiel,
Des plus cruels tire des larmes ;
Pour elle, les meilleurs guerriers
Donneroient à force de charmes
Pour un myrte mille lauriers.

NYMPHE NEUFVIESME

POUR MADEMOISELLE OZORIA

Ceux dont le cœur froid comme glace
Est ennemy du feu d'Amour,

Comme indignes de ceste Cour
Ne trouvent point icy de place;
Que s'ils en pouvoient approcher,
Eussent-ils l'âme de rocher,
En voyant des Beautez si rares,
Ils ne seroient plus endurcis,
Et je croy que les plus barbares
Deviendroient les plus adoucis.

NYMPHE DIXIESME

POUR MADEMOISELLE DE MENDOSSE

Une Beauté, lorsqu'elle blesse
Avec ses traits tousjours vainqueurs,
Ne laisse jamais dans les cœurs
Aucune pointe de tristesse.
Les plus sages se vont offrir
Aux peines qu'elle fait souffrir;
Tout le monde luy fait hommage,
Et l'Amour seroit à blasmer,
S'il ne cherissoit son image,
Qui l'aime et qui le fait aimer.

NYMPHE ONZIESME

POUR MADEMOISELLE BOUCHAVANE

Bien que ta torche soit bruslée,
Que ton carquois n'ait plus de traits,

Que tes grâces soient sans attraits,
Amour, entre en ceste assemblée;
Viens-toy soubmettre à la mercy
D'un bel œil qu'on adore icy :
Et quand tu le verras reluire
Par un miracle nonpareil,
Sans mensonge tu pourras dire
Qu'un aveugle void le Soleil.

FIN

VERS

POUR

LE BALLET DU ROY

REPRESENTANT

LA FURIE DE ROLAND (1)

---

(1) *Paris, Jean Sara,* 1618, in-4. Ces vers sont du sieur Bordier.

VERS

POUR

LE BALLET DU ROY

LA FOLIE

A LA REYNE

J'apperçoy, grande Reyne, au jugement de tous,
Entrant en vostre Cour, de combien je m'oublie
Et sçay bien que me voir paroistre devant vous,
C'est voir devant Pallas paroistre la Folie.

Nul respect, toutesfois, ne me peut dispenser
De monstrer en ce lieu mon pouvoir et mes gestes;
Si vos rares vertus s'en veullent offenser,
Elles s'en doyvent prendre à vos beautez celestes.

Les rayons de vos yeux, plains d'appas innocens,
Regnent si puissamment sur une âme heroïque,
Que pour la travailler jusqu'à perdre le sens,
Amour n'a plus besoin d'employer Angelique.

Aussi possedez-vous de si fameux lauriers,
Que leur bruit espandu sur la terre et sur l'onde
Va porter à vos pieds les plus braves guerriers,
Et le Roy le plus grand qui soit en tout le monde.

ELLE-MESME A L'ASSEMBLÉE

Ne prenez point pour une injure
Le pouvoir que j'ay dessus vous :
Quoy que la Grece se figure,
Ses Sages n'estoient que des foux.

Si la cervelle la plus saine
Se considere avecques soin,
Elle verra qu'une neuvaine
Luy fait encores grand besoin.

Mais quelle que soit ma puissance,
J'aurois grand tort de m'en louer :
Chacun me rend obeissance,
Et pas un ne veut l'advouer.

POUR MONSIEUR DE LUYNES

REPRESENTANT ASTOLFE

Par miracle je viens du celeste sejour
Au secours de Roland, à qui l'excès d'amour,
Tant saisy par les champs d'horribles tragedies ;

Voyez si de m'aymer mes amys ont raison,
Puisque ma passion va de leurs maladies
Jusques dedans le Ciel chercher la guerison.

Pour obliger Roland dont le mal je ressens,
Puis-je faire aujourd'huy qu'il recouvre le sens,
Sans faire avecques blasme une folie extresme ?
J'apporte à mon amy l'eau qui le doit guerir,
Et je ne pense pas à me guerir moy-mesme
Du mal dont la rigueur me va faire mourir.

Ceux qui me blasmeront me blasmeront à tort :
En l'estat où je suis, la sueur de la mort
Est l'eau qui peut finir le tourment que j'endure.
Phyllis le veut ainsi; si quelque autre liqueur
Avoit ceste vertu de la rendre moins dure,
Souvent l'eau de mes pleurs eust amolly son cœur.

POUR LE ROY

REPRESENTANT UN CHASSEUR

Tel que ces grands chasseurs dont le bras indompté
De monstres autresfois purgea toute la terre,
Pour asseurer le front du peuple espouvanté,
Aux plus fiers animaux je viens faire la guerre.

L'orage de mes coups ne tombe point en vain ;
En quelque lieu qu'ils soient, leur blessure est fatale :
Si puissant est le dard que je porte en la main,
Qu'il atteint de plus loin que le dard de Cephale.

Ta foiblesse, ô mon dard, en un poinct se faict voir :
C'est qu'un cerf s'en delivre avecques le dictame.
Heureux si ce dictame avoit mesme pouvoir
Sur la flesche d'Amour qui m'outreperce l'âme.

Mais, certes, je me plains d'un excès de bonheur,
Me plaignant des beaux yeux dont je porte les marques ;
Les blessures qu'ils font, c'est le plus grand honneur
Que puissent recevoir les Dieux et les Monarques.

POUR MONSIEUR DE CHALLAIS

REPRESENTANT ANGELIQUE

Si l'amant se transforme en la personne aimée,
Et si des feux d'Amour ayant l'âme enflammée,
Son action fait voir quel est l'œil son vainqueur :
    Sans que ma voix l'explique,
    Il paroist qu'Angelique
    Est Royne de mon cœur.

Aujourd'huy que l'Amour fait que je me desguise
En la rare beauté dont mon âme est esprise,
Je souhaitte à mes jours qu'un accident subit
    Vienne couper leur trame,
    Ou me donner la Dame
    Dont je porte l'habit.

S'il arrive qu'enfin ses bontez soient si grandes
Que de faire à son cœur accorder mes demandes,
Par ses yeux tout divins je jure et luy promets

Que parmy leurs orties,
Les filles repenties
Ne la verront jamais.

POUR MONSIEUR DE LIANCOURT

REPRESENTANT ROLAND LE FURIEUX

Sera-t-il dict qu'un homme sans courage
Soit mon rival, et face que la rage
Verse en mon cœur un poison si bruslant ?
Destin cruel, à mon bien trop contraire,
Tu peux beaucoup, si ne sçaurois-tu faire
Qu'un Adonis triomphe de Roland.

Quel deshonneur de perdre la victoire
Contre un mignon qui n'eut jamais la gloire
De se trouver au milieu des hazards !
Et bien qu'il eust l'âme toute heroïque,
Il ne me peut retenir Angelique :
Je la prendrois entre les mains de Mars.

Mais si le fard d'un affetté langage,
Joinct à celuy qu'il porte en son visage,
Fait que Medor d'Angelique est vainqueur,
Ce seroit bien m'arrester à l'escorce,
Si maintenant je voulois par la force
Avoir le corps dont un autre a le cœur.

POUR MONSIEUR LE COMTE DE LA ROCHE-GUYON

REPRESENTANT UN USURIER

Heureux ces vieux matelots
Qui ne craignent plus les flots,
Ny d'Amour, ny de Neptune,
Et dont l'esprit vigilant,
Sans courre aucune fortune,
Fait profiter le talent.

Le bien que j'ay sur la mer
Ne me fait point blasphemer,
Quand elle s'enfle d'orages :
La risque où je me suis mis,
C'est de prester sur bons gaiges,
Aux meilleurs de mes amis.

Mais n'entrez point en soupçon
Que d'une mesme façon
Tout le monde je mesure ;
Quand je sers une beauté,
L'Amour fait que mon usure
Devient liberalité.

POUR MONSIEUR DE MONPOULLAN

REPRESENTANT UN USURIER

Je tesmoigne en aymant tant de discretion,
J'aime si cherement l'objet pour qui j'endure,

Qu'à dessein de pouvoir cacher ma passion,
J'ay chargé sur mon dos le manteau de l'usure.

Ainsi le bruit estant semé de tout costé,
Que l'avarice au lieu du plaisir me surmonte,
J'ay beau voir ce que j'ayme en toute liberté
Sans que le mesdisant en face un mauvais compte.

Si les cœurs que l'Amour engage de tout poinct,
Avoient le soin d'aimer d'une façon discrette,
Il est vray qu'aujourd'huy les Dames n'auroient point
Pour leurs historiens Pasquin et la Gazette.

POUR MONSIEUR LE CHEVALLIER DE VENDOSME

REPRESENTANT UN BERGER

Encores que je sois un Berger amoureux,
Qui, né du sang des Dieux, ay le nom d'Alexandre,
Je ne suis pas pourtant ce Berger malheureux
De qui l'ardente amour mit son pays en cendre.

Mais deussé-je desplaire à ces trois Deïtez
Qui mirent leur querelle au jugement d'un homme,
Si le Ciel me nommoit arbitre des beautez,
Celle qui tient mon cœur auroit aussi la pomme.

Si jadis ta beauté receut le prix d'honneur,
Deesse qui nasquit de l'escume de l'onde,
N'en sçache point de gré, sinon à ton bonheur :
La Dame que je sers n'estoit point lors au monde.

POUR MONSIEUR LE COMTE DE ROCHEFORT

REPRESENTANT UN BERGER

Jeunes amans, gentils courages,
Qui vous consumez nuict et jour
Pour des beautez qui sont volages,
Venez aux champs faire l'amour !
 Il n'est point de Bergere
 Dont l'humeur soit legere.

Les Dames sçavent si bien plaire,
Qu'elles vous trompent tost ou tard ;
Les Bergeres, tout au contraire,
Et naissent et vivent sans fard ;
 Leur âme et leur visage
 En ignore l'usage.

L'Empire de toute la terre
Leur est moins cher qu'un pauvre amant ;
Ainsi que leur haine est de verre,
Leur amour est de diamant.
 Tant plus elles sont belles,
 Moins leurs cœurs ont des aisles.

POUR MONSIEUR DE BRANTES

REPRESENTANT UN BERGER

Après avoir passé toute ma vie
Sans que l'Amour la peust rendre asservie,

Je suis enfin espris d'une beauté,
Qui captivant chascun qui la regarde,
Fait que j'ay pris des brebis en ma garde,
Moy qui n'ay peu garder ma liberté.

Pauvre trouppeau, tu cours grande fortune,
Car quelque soin qui mon âme importune,
Je n'ay les yeux que sur l'œil mon vainqueur;
Et quand j'aurois cent et cent yeux encore,
Puis-je empescher que le loup te devore,
Tandis qu'Amour me devore le cœur?

Que ce danger toutesfois ne t'estonne;
Tel est mon sort, que sans cesse il me donne
Plus de sujet d'apprehender qu'à toy.
Cet ennemy dont tu crains la furie
Cherche à loger dedans ta bergerie;
Le mien, helas! est logé dedans moy.

Amour, cruel, est entré par la bresche
Qu'ont faict les coups de mainte ardente flesche
Qui m'a percé la poitrine et le flanc.
J'ay beau pleurer; mes pleurs n'ont point de charmes:
Comment pourrois-je esmouvoir par des larmes
Un ennemy qui se baigne en mon sang?

POUR MONSIEUR DE BLINVILLE

REPRESENTANT UN FOL

Beautez de qui l'esprit, plein de perfections,
Jette un œil de mespris dessus mes actions,
Pour n'y voir aujourd'huy ny mesure ny regle,

De grâce, pardonnez à cet aveuglement
Qui trouble tout à faict l'œil de mon jugement :
Le Soleil qui m'aveugle aveugleroit un aigle.

Pourquoy l'Astre qui luit aux hommes paresseux
Ne m'a-t-il exempté d'estre au nombre de ceux
Qui font à leur repos une immortelle guerre ?
L'Amour ne rendroit pas mon cœur ambitieux
De se perdre plustost en s'eslevant aux Cieux,
Que de se conserver en rampant sur la terre.

Qu'on ne m'en parle plus, le sort en est jeté,
Je veux voller au ciel d'une rare beauté,
Quoy que le Dieu de Seine un tombeau me prepare.
Si mon aisle se brusle au feu de ses appas,
Au moins suis-je asseuré d'estre exempt du trespas;
Car ce n'est pas mourir de mourir comme Icare.

POUR MONSIEUR D'HUMIERES

REPRESENTANT UN FOL

Beautez pleines d'appas,
Ne vous estonnez pas
De voir que de tout poinct aujourd'huy je m'oublie ;
J'ay trop faict de sejour
Parmy les flots d'Amour,
Pour ne point arriver au port de la Folie.

Mon esprit transporté
Se plainct d'une beauté

Qui toutes les beautez en cruauté surpasse.
　　　O Dieux ! qu'il est amer
　　　De retourner en mer,
Quand on est à deux doigts près du Hâvre de Grâce.

　　　Praticquer tous les jours
　　　De nouvelles amours,
C'est des hommes du temps la plus grande allegresse ;
　　　Quant à moy, qu'à changer
　　　Rien ne peut obliger,
Je veux perdre le sens en perdant ma maistresse.

POUR MONSIEUR LE BARON DE PALLUAU

REPRESENTANT UNE FOLLE

　　Il est vray, je confesse, Amour,
　　Que pour joüer quelque bon tour,
　　Il faut aller à ton escolle.
　　La beauté dont je suis espris
　　Est enfin cause que j'ay pris
　　Le geste et l'habit d'une Folle.

　　Aux maisons pleines de rumeur,
　　Je fais entrer en belle humeur
　　Les esprits que j'y trouve mornes.
　　Sçavez-vous lors de quoy je ris ?
　　C'est de voir rire des maris
　　A qui je fais porter les cornes ?

Un chascun de vous se deçoit,
S'il s'imagine que ce soit
Un bavolet où je me frotte.
Les plus relevez de la Cour,
Au mesme prix de mon amour,
Voudroient bien porter la marotte.

R. Bordier.

FIN

RELATION

DU

GRAND BALLET DU ROY

dansé en la salle du Louvre, le 12 fevrier 1619

SUR L'ADVENTURE DE TANCREDE

EN LA FOREST ENCHANTÉE (1)

---

(1) Faict par le commandement exprez de Sa Majesté (par le le sieur Gramont). *Paris, Jean Sara,* 1619, in-8 de 46 pages.

RELATION

DU

GRAND BALLET DU ROY

———

A MONSEIGNEUR DE LUYNES

MONSEIGNEUR,

Ceste relation que j'ay faicte de l'adventure de Tancrede en la forest enchantée, qui a servi de subject au Ballet du Roy, dancé tout fraischement dans la grande salle du Louvre, vous estoit justement deuë, pour deux raisons : l'une parce que vous y avez beaucoup contribué du vostre en ce qui est de son embellissement ; l'autre, parce que vous y faisiez un personnage qui vous convenoit merveilleusement bien, car vous estes le Tancrede françois, qui avez rendu de tout temps de si bons et agreables services à nostre Godefroy, en la glorieuse conqueste des cœurs les plus reveches. C'est vous, Monseigneur, qui, par vostre valeur, avez courageusement debellé les monstres des guerres et seditions que la discorde civile avoit faict venir de l'enfer pour empescher les justes desseins de Louys le Juste. C'est vous, enfin, Monseigneur, qui, par vostre prudence et bonheur, avez deffaict les charmes, non d'une forest enchantée, mais de tout un Royaume, charmé de son propre malheur.

Pour toutes lesquelles choses les bons François vous dressent dans leurs cœurs autant de trophées d'honneur et d'affection comme vous avez dans le vostre de bons desirs, pour la conservation de l'Estat, duquel vous emportez à bon droict le juste titre de restaurateur. Que si pour assister la jeunesse du Roy de bons et sages conseils, pour former son esprit aux vertus royales, pour sacrifier vos particuliers interests au salut du public, pour faire nager le vaisseau de la France dans le calme d'une profonde paix, les peuples vous comblent icy bas de mille benedictions, sçachez, Monseigneur, que les Anges s'esjouissent encore plus au Ciel de ce que vous possedez la faveur d'un si grand Monarque, puisque vous l'employez si bien pour la manutention de la pieté, de la justice, et du repos public. Dieu vous le vueille conserver, et à moy me donner la grâce de vous pouvoir tesmoigner que je suis, Monseigneur,

Vostre tres-humble et tres-obeissant serviteur,

DE GRAMONT.

AU LECTEUR

Parce que M. de Porcheres avoit en exprez commandement du Roy de donner quelque dessein de Ballet pour ce caresme-prenant, et d'en conduire l'ordre et l'execution, je ne pouvois en recevoir les memoires de meilleure main que de la sienne : dans lesquels j'ay trouvé les raisons qui l'ont meu à choisir ce subjet particulierement. Pourquoy au lieu d'Alcaste qui fuit chez le Tasse, il a mis les trois Chevaliers des adventures qui attaquent avec Tancrede. Pourquoi enfin ce Ballet est au nom du mesme Tancrede, qui semble n'avoir que commencé de deffaire l'enchantement que Regnaud acheva.

Il est vray qu'en ce dernier point la chose parle d'elle mesme : car il y a plus de valeur et de resolution en Tancrede de s'estre jeté le premier parmy les flammes et les monstres armez que non pas à Regnaud d'y estre allé après le retour de Tancrede, et n'y avoir trouvé qu'une isle delicieuse. Et le Tasse mesme en ceste action donne plus de courage et d'amour à Tancrede, et plus de pitié à Regnaud. Et puis la mesme personne qui represente Tancrede en ce Ballet, representa ces années passées Regnaud en un autre.

FABLE DE LA FOREST ENCHANTÉE

TIRÉE DU TASSE.

Aladin, Roy de Hierusalem, assiegé dans sa ville par Godefroy de Boüillon, afin de l'empescher de se prevaloir d'un bois proche de là, y envoye Ismen, grand magicien, lequel enchanta la forest, et par ses conjurations la peupla de Monstres armez, et d'Esprits infernaux, en commettant un à la garde de chascun des arbres. Ces Demons remplirent la forest de fantosmes, de flammes et de bruits espouvantables, de sorte que lorsque Godefroy y envoya des buscherons et autres ouvriers, afin d'avoir du bois pour l'usage de son camp, ils s'en retournerent tous effrayez. Il fut contrainct d'y envoyer des soldats, et mesmes des capitaines qui revindrent sans rien faire, aussi espouvantez que les premiers. Enfin Tancrede entreprend l'adventure de la forest enchantée, et se presentant à ce bois, vit les susdites apparitions, et de plus une grande flamme qui couvroit toute la forest. Mais d'un courage invincible et magnanime, il entre dedans, l'espée à la main, faict disparoitre les Monstres et les Demons. La flamme s'esteint, et en un moment la forest s'obscurcit de nuages, lesquels disparurent bien tost aussi. Et Tancrede passant plus outre, trouve une grande place faicte en amphitheâtre, où il y avoit un cyprez au milieu, sur l'escorce duquel estoient gravez ces mots : « Toy qui viens icy au pays de la mort, pardonne aux mânes privez de vie. » Soudain il oüit un bruit de vents entre les arbres qui rendoient un son plaintif, comme de souspirs et sanglots des humains : qui le toucha de pitié, d'estonnement et de douleur. Enfin il donne un coup d'espée à cet arbre, et soudain il en sortit grande quantité de sang, et puis il oüit ces paroles gemissantes : « Tancrede, tu m'as trop offensée, tu as separé l'âme de mon corps ; pourquoi viens-tu gaster ce tronc où mon destin m'a attachée ? Cruel, veux-tu offencer tes adversaires après la mort en leurs propres sepulchres ? Je fus jadis Clorinde, et ne suis pas seule Esprit humain icy : car tous les François ou Payens qui meurent devant Hierusalem ont leurs Esprits ; je ne sçay si je dois dire en corps ou en sepulchre, mais les troncs sont animez, et tu es homicide si tu les coupes. » D'estonnement, l'espée luy tomba à terre, laquelle soudain le vent emporta hors de la forest. Tancrede en sort, retrouve son espée, etc.

On n'a rien adjousté à l'invention du Tasse que les trois Chevaliers des adventures qui vont avec Tancrede, et quelques autres ornemens pour embellir la fable.

LE THEATRE.

Le theâtre estoit dressé au fond de la grand' salle du Louvre ayant six toises en largeur, et autant en longueur. La hauteur estoit de cinq pieds et demy sur le devant, mais au fond, de huict pieds, car il alloit en penchant. On y montoit avec deux doubles degrez rampans en glacis : l'un à droite et l'autre à gauche. Il avoit trois portes, une à chasque costé, et la plus grande au milieu. Les frises et bordures estoient escaillées en roches d'or parsemé de mousse verte. Il estoit couvert d'un ciel turquin, semé de quelques nuages, par le haut duquel regnoit tout au long un feston large de trois pieds et demy, où les cornes d'abondance versoient mille sortes de fleurs et de fruicts. Une grande toile s'estendoit au devant, qui prenoit depuis le plancher jusqu'à terre de la longueur de cinq toises, en laquelle estoit peinte Hierusalem assiegée, et une forest à costé.

Comme la toile vint à s'abattre, parut au fond et aux costez du theâtre une grande et espesse forest en plate peinture, dont le feuillage estoit relevé d'or, au milieu quantité d'arbres en relief, lesquels on croyoit d'abord estre naturels : et n'estoit qu'on les vit chargez de chastaignes et de glands d'or, on n'eust point songé pour tout à l'artifice.

Sur le devant de la forest se vit Ismen, grand magicien, qui s'eslevoit insensiblement par un trou dessus le theâtre, comme s'il venoit du profond de l'enfer, affreux en son aspect, la teste en feu, un livre à la main gauche, et une verge à la droicte. Il estoit vestu d'une sottane de satin noir, ayant par dessus une robbe courte de mesme estoffe, avec lambrequins au bout des manches, le tout chamarré de passement d'or.

Et à la teste une tocque en forme de chapperon avec une queuë. En cest equipage parut cet enchanteur, et d'une voix effroyable chanta ceste invocation :

Je suis cet enchanteur si fameux par le monde,
Ismen de qui la voix ressuscite les morts.
Par les plaines de l'air, las de faire la ronde,
J'ay terminé ma course aux enfers d'où je sors.

Je roulle en mon esprit de si hautes pensées
Pour faire que Sion ne soit point mise aux fers,
Qu'à la veille de voir ses murailles forcées,
J'ay creu qu'il me falloit consulter les enfers.

Puisque des fiers torrens l'imperieuse audace
S'arreste et se desborde à ma discretion,
Ne pourray-je arrester l'outrageuse menace
Des chrestiens obstinez au siege de Sion ?

Leur chef dont le courage est affamé de gloire,
En vain par ses travaux espere l'emporter ;
Les degrez pour monter à si haute victoire,
Sont en ceste forest que je vais enchanter.

Je sçauray remparer ses fieres advenues
De tant de murs armez de monstres et de feux,
Que leur flamme et leurs cris moustans jusques aux nues,
Feroient mesme au Dieu Mars herisser les cheveux.

Sans craindre que le Ciel à mes faits porte envie,
Je crains surtout les Roys et Princes estrangers,
Godefroy, ce lyon ennemy de sa vie,
Que l'honneur precipite au milieu des dangers.

Je crains que son courage, à qui tout effort cede,
De ses murs flamboyans ne force le rempart,
Joignant à sa valeur la valeur de Tancrede,
A qui de ceste gloire il voudra faire part.

Qu'ils donnent tout en proye à leurs fureurs extremes,
Ils ne gagneront rien d'estre victorieux ;
Car je puis au besoin les vaincre par eux-mesmes,
Leur faisant recevoir un affront glorieux.

Aux arbres de ce bois, s'ils donnent des attaintes,
Les Esprits que j'auray sous l'escorce enfermez
Verseront tout à coup tant de sang et de plainctes,
Qu'aussitost la pitié les rendra desarmez.

Ainsi voulant commettre et ce bois et ces plaines
Aux Demons enflàmez d'un esternel courroux,
Vous, Pan, Faunes, Sylvains, Satyres et Silenes,
Sans tarder plus longtemps, sus ! deslogez-en tous.

 Ayant finy son chant, il commence de faire ses conjurations en cadence au son des violons qui sonnoient un air melancolique ; il fait un cercle et des characteres avec sa verge, se plante au milieu du cercle, ayant un pied nud. Trois fois se tourna devers l'Orient, et trois fois vers le couchant ; trois fois secoua sa baguette, et trois fois du pied nud frappa la terre.
 Ces conjurations finies, on vit sortir de la forest les Deïtez bocageres qui dançerent le premier Ballet en ceste maniere.

BALLET DES DIEUX BOCAGERS.

Premierement Pan, Dieu des Pasteurs, sortit de la forest couronné de pin et de roseaux, les espaules couvertes d'une peau d'once tavelée, et velu par le corps, les oreilles poinctuës, une petite queuë retroussée au derriere. Trois Satyres l'accompagnoient vestus de mesme, tous quatre cornus, et jouans du cornet, sous lesquels quatre Sylvains effrayez firent leur entrée. Et comme ils passoient, Ismen faisoit avec eux quelques actions d'enchanteur dessus le theâtre, tousjours en cadence.

Les Sylvains avoient le corps du pourpoinct, et le bas du saye de toile d'argent blanche, un collet de satin bleu avec des lambrequins au corps et haut des manches; le tout couvert de bouquets et de passement d'or et d'argent: la coiffure estoit de bouqueterie en forme de roseaux et de lis avec un baston crochu et doré en la main.

Ils descendirent donc du theâtre à la salle, où ils dançerent leur entrée avec des gens merveilleusement effarez; puis se retirerent sous le theâtre par les trois portes, et les quatre Satyres jouans du cornet les suivirent.

Après sortirent de la forest quatre autres Satyres sonnans des hautbois, sous lesquels quatre Silenes firent leur entrée. C'estoient de petits hommes camus, courbez et ventrus, ayans le visage rouge, et les oreilles pointues. Ils avoient le pourpoint de satin rouge, avec des manches couleur de chair; les lascettes doubles de cuir doré en escaille; une houpelande de satin couleur du Roy, doublée de taffetas verd; des culottes de satin gris de lin, tailladées en long, et bouillonnées de gaze d'or. Tout l'accoustrement chamarré de passement d'argent. Sur la teste une couronne de pampre et en la main un baston argenté. Ils firent leur entrée comme les autres, mais avec pas differens, qui representoient neanmoins des gens estonnez et perdus. Ayant dancé dans la salle, se retirerent sous le theâtre comme les premiers.

Finallement vinrent six Satyres sonnans des fleutes, sous lesquels quatre Driades firent leur entrée : elles avoient la juppe, robbe, corps et manches pendantes de satin verd, avec une ceinture de gaze, le haut des manches en forme de fraise, le tout enrichy de passement d'argent; la coiffure de bouqueterie à fueillage et fleurs.

Elles descendirent en bas, et dançerent avec fort bonne grâce. Ismen les suivit, qui estoit descendu du theâtre pour dancer avec elles de sa façon d'enchanteur. La dance finie, ceste troupe se retira en mesme ordre que les autres, et se perdirent trestous au theâtre, les Satyres estans demeurez les derniers pour faire la retraicte.

BALLET DES MONSTRES ARMEZ.

Les Dieux bocagers s'estans retirez, Ismen, qui estoit descendu avec eux du theâtre en la salle, s'y trouva seul, et y fit son second enchantement sous les violons, pour appeler les Moustres, et toutes les puissances de l'enfer, afin qu'elles vinssent garder la forest, et empescher qu'aucun de l'armée chrestienne n'en peust couper un seul arbre. Pour cet effect donc l'enchanteur, avec les mesmes ceremonies que dessus, chanta sa seconde conjuration en ceste maniere :

Toy, Pluton, qui regis l'infernalle caverne,
Et vous, Juges affreux, d'implacables courroux.
Demons, hostes cruels des gouffres de l'Averne,
Accourez à ma voix : je vous invoque tous.

Donnez toute l'horreur dedans l'enfer enclose,
Au secours de Sion, et songneux de garder
Les arbres de ce bois où son salut repose,
Faites que les François ne l'osent aborder.

Remparez ses dehors de cent formes confuses,
Où paroissent des feux, des murs et des archers
Dont les affreux regards soient autant de Meduses,
Qui les cœurs les plus fiers transforment en rochers.

Vous autres deffenseurs du dedans et des rives,
Dedans ceste forest disposez tous de rang ;

Animez ses oiseaux de mille voix plaintives,
Ses vents de longs soupirs, et ses arbres de sang.

Quoy ! vos rebellions me feront ceste injure
De vous rendre à mes loix le courage endurci,
Et de vous retenir lorsque je vous conjure ?
Que si, que si, Demons ; mais enfin les voicy.

Le chant finy, voicy venir de dessous le theâtre huict Monstres qui entrerent dedans la salle par les trois portes : ces Monstres estoient tous plantez sur deux pieds, mais representans, en tout le reste du corps, diverses sortes d'animaux estranges et affreux avec griffes et dents, et les testes de formes confuses en grotesques, armez au reste du corps.

Ces luttins mirent à l'abord quelque espece de frayeur ès cœurs de l'assistance et causerent de l'admiration par ce nouveau spectacle ; mais plus encore quand ils vindrent à dancer leur Ballet, faisans des pas endiablez et des grimaces du tout extravagantes, qui ne laisserent pourtant de donner un grand contentement. Le Ballet finy, ils monterent tous sur le theâtre en cadence et se rangerent entre les arbres.

BALLET DES PUISSANCES D'ENFER.

On n'eust pas si tost perdu de veuë les Monstres armez, que voicy de rechef Ismen, magicien, qui rentre dans la salle, et ayant faict en cadence quelques actions d'enchantement, comme evoquant les puissances d'enfer: entrerent tout à coup par les trois portes de dessous le theâtre, trois Furies avec leurs flambeaux allumez. Elles avoient une simarre de tabis battu d'or, avec une ceinture d'un grand serpent. Leurs crins, comme on a accoustumé de les peindre, estoient des couleuvres entortillées à l'entour de leur teste en un bracelet de petits vipereaux de bouqueterie. Elles dançerent leur entrée dedans la salle, avec des pas, des gestes, et postures convenables à leur condition, et Ismen avec elles.

La dance finie, elles se retirerent pour faire place aux trois Juges d'enfer, Minos, Eaque et Rhadamante, qui firent pareillement leur entrée. C'estoient des vieillards ayant de grandes barbes blanches, le visage pasle, sombre, vestus d'une robbe courte de satin noir, doublée de taffetas noir chamarré de passement d'argent, sur un pourpoint de satin gris-noir rayé d'argent, et de chausses à bandes à l'antique, de satin noir, couvertes de passement d'argent. A la teste une grande toque de velours noir, tenans chacun en sa main une baguette allumée. Ils dançerent dans la salle un bal de vieillard, et Ismen avec eux, puis se retirerent en cadence par où ils estoient entrez.

A peine estoient sortis les trois Juges, que voicy venir trois vieilles femmes, ayans par dessus leur juppe une robbe courte façonnée de lambrequins par en bas, le tout de toile d'argent blanche enrichie de passement d'argent, avec de petites houppes de soye noire en façon de moucheture, representans des taches de sang; une ceinture de gaze rouge, les manches de satin de couleur de chair en façon de nud, la coiffure de crespe blanc. L'une tenoit une quenoüille, l'autre un devidoir, et l'autre des ciseaux; le tout argenté. Il est aisé à deviner que c'estoient les trois Parques qui filent, devident et tranchent la vie des mortels. Elles dancerent leur entrée dedans la salle, et Ismen avec elles; puis se retirerent par dessous le theàtre.

Les Parques s'estans retirées, voicy Pluton qui entre dans la salle par la porte droicte de dessous le theâtre. Il avoit un corps à l'antique avec trois differens lambrequins pendans au corps et au haut des manches; le tout de satin gris-noir, rayé d'argent, enrichi de passement et flammes d'or. Une couronne sur la teste, une clef noire en la main gauche, et un sceptre à la droite qui estoit tout en feu, comme aussi sa couronne et sa teste, d'où sortoit une flamme rouge qui brusloit sans se consumer.

Par la grand' porte du milieu sortit la Royne Proserpine avec le visage noir, la juppe et robbe courte de tabis couleur enfumée, battu d'or; le tout enrichy de passement d'or avec des flammes; les manches de satin blanc rayé d'or, la couronne en teste, et le sceptre en main allumé.

Par la troisiesme porte à main gauche, entra Charon, nautonnier infernal, avec une grande barbe grise mal peignée, les yeux caves, le corps courbé, avec un habit à la matelote de satin gris-noir, rayé d'or, et enrichy de passement d'argent, et une grande escharpe de gaze blanche; les manches de satin triste amie rayé d'or, un bonnet rouge à oreille, rayé de noir, et une rame en la main, qui estoit allumée.

Ces trois personnages donnerent fort dans la veuë des regardans. Mais ce qui sembla rare et de bonne grâce, fut de voir que Pluton, avec son sceptre enflammé, alluma la teste de Proserpine avec un feu qui prit soudainement, et Proserpine celle de Charon, le tout en cadence. Ces trois ramenerent de dessous le theâtre les neuf autres puissances d'enfer qui avoient desjà faict leur entrée de trois à trois. Et à mesure qu'elles rentroient dans la salle, Pluton et Proserpine leur allumoient chacune la teste avec leurs sceptres.

Tous douze ensemble dançerent leur Ballet, qui fut estimé le plus beau, à cause de tant de flammes et de lumieres qui causoient une grande diversité.

Ayans dancé, ils monterent tous en furie sur le theâtre, emportans Ismen en l'air, et se retirerent derriere le theâtre.

Alors on oüit un agreable son de plusieurs musettes de Bergers qui sortoient de l'autre costé de la forest : car le son sembloit venir de loing.

BALLET DES ENTRÉES.

Aussi tost que les musettes eurent cessé, entrerent au son des violons ceux que Godefroy envoyoit pour querir du bois.

La premiere entrée fut de quatre Buscherons

avec des cognées d'argent en main, et des serpes au dos. Ils avoient une casaque à la païsane, faicte en tuyaux d'orgue de satin tané; les chausses à la marine jusqu'au dessous du genoüil de satin bleu avec des guestres bleuës; une chemisette incarnadine; le tout en broderie d'or et d'argent fort riche. Ils entrerent donc dans la salle par les trois portes et dancerent tous quatre leur entrée d'une grande disposition; puis montans les degrez jusques sur le theâtre, faisoient des actions de couper du bois en cadence. Mais estans effrayez et repoussez par les Monstres, s'en retournerent comme ils estoient entrez.

Après vinrent quatre Scieurs, avec des scies d'argent. Ils avoient de grandes chausses à la marine de satin verd, avec un paltot aussi verd faict en fueillage de chesne en broderie d'or, fort relevée, la chemisette, le bas de soye, et les brodequins incarnadins, et tous couverts de plumes.

Ils firent pareillement leur entrée, puis monterent tous sur le theâtre, faisans actions de scier en cadence; mais effrayez par les Monstres, se retirerent.

Finallement, quatre Sagittaires s'en vindrent faire leur entrée avec des arcs et des fleches, faisans gestes et contenances guerrieres. Ils avoient un pourpoint de satin blanc en forme de cuiracine avec des meufles de lyon, le tout en broderie d'or fort relevée, deux bas de soye l'un sur l'autre, incarnadin et blanc, brodez d'argent; le bas de soye incarnadin avec des bottines brodées d'or, et sur la teste une bourguignotte argentée avec force plumes.

Ils monterent après sur le theâtre, tirans aux Monstres armez; mais n'en pouvans venir à bout, furent contraincts de s'en retourner sans rien faire. Soudain on entendit un son de chalumeaux avec quelques voix de Bergers qui venoient de l'autre costé de la forest.

INTERMEDE DES QUATRE CHEVALIERS DES ADVENTURES.

Entrerent trois Chevaliers des adventures dont le Roy estoit le chef, cherchans le quatriesme, à sçavoir Tancrede. Ils avoient un habit de satin blanc couvert de broderie d'or et d'argent, le bas du saye de satin incarnadin, blanc et bleu, relevé de fueillages avec roses paillettes et canetille d'or; le bas attaché incarnadin; sur la teste un casque argenté avec force plumes blanches, portans ès mains espées et boucliers d'argent. En cest equipage ils entrerent chascun par l'une des trois portes du theâtre, cherchans Tancrede, et dançerent dans la salle un bal grave; puis se retirerent sous le theâtre, faisans quelques actions de leurs armes avec applaudissement des Seigneurs et Dames pour avoir dancé de si bonne grâce.

Tout à l'instant parut Tancrede, qui attira vers soy les yeux des assistans à cause de son maintien et de sa disposition. Il estoit vestu de satin blanc avec force belle et riche broderie d'or et d'argent, à la façon des Chevaliers des adventures, suivy de deux Escuyers qui avoient un habit de satin incarnadin et blanc, tout couvert de passement d'or et d'argent, et à la teste un casque argenté avec plumes blanches. Avec ces Escuyers entra Tancrede dedans la salle, et dançerent tous trois un bal grave; mais si bien et avec tant de justesse, que l'on ne vit jamais de si beaux pas ny si bien dancez: auxquels Tancrede faisoit bien paroistre, par sa bonne grâce, qu'il estoit le maistre. Les deux Escuyers s'approchant tousjours du theâtre en dançant, s'en allerent l'un à droite, l'autre à gauche. Les trois Chevaliers des adventures rentrerent et trouverent Tancrede tout seul, à qui l'un d'eux monstra la forest enchantée.

Alors la scene parut toute enflammée par une pallissade de feu que l'on y vit representer. Après que les quatre Chevaliers eurent dancé une cadence ensemble, ils monterent sur le theâtre, deux par un degré et deux par l'autre, l'espée à la main, et combattirent les Monstres qui estoient encore dans la forest à la garde des arbres. Ceste escrime fut agreable pour estre faicte en cadence: car il n'y avoit coup ny donné ny reçeu, qui ne marquast un temps.

En ces entrefaites, la flamme dont la forest sembloit toute embrasée disparut tout à coup, et le theâtre fut remply de tenebres. Alors le chamaillis fut plus grand, tellement que les oreilles servoient plutost pour oüir les coups, que les yeux pour les voir. Les Monstres ne pouvans plus longuement durer contre la valeur des quatre Chevaliers, s'enfuirent devant eux emportans chascun son arbre qu'ils avoient arraché.

Les trois Chevaliers poursuivans leur victoire rembarrerent les Monstres derriere le theâtre, et Tancrede resta seul dessus.

Alors on oüit des grands bruits, hurlemens et rugissemens avec tonnerres et esclairs, après lesquels furent oüyes plusieurs voix plaintives representans les âmes qui se separent des corps, lesquelles terminerent en cest air lamentable :

Quelle estrange manie, ô cruels adversaires,
   Precipite vos pas
   En ces lieux solitaires,
Où n'habitent sinon l'horreur et le trespas ?

Au moins, en vos fureurs, ne privez point de vie
   Les arbres de ce bois,
   Si vous n'avez envie
De nous faire mourir pour la seconde fois.

Ce n'estoient gens de peu, ceux que ce bois enserre :
   L'ardente passion
   Du mestier de la guerre
Les fit tomber au pied des hauts murs de Sion.

Quand son siege espuisa nostre sang et nos forces,
   Le monarque des morts,
   De ces dures escorces,
Revestit nos esprits despoüillez de leurs corps.

Voudriez-vous, nous livrant à l'excez de vos rages,
   Surpasser les corbeaux

Et les bestes sauvages,
Dont l'inhumanité respecte nos tombeaux?

Le chant finy, le theâtre reprit sa clarté, et fut à l'instant changé en amphithcâtre, la forest ayant disparu. Et comme Tancrede commençoit à faire quelque cadence, il vit naistre à ses pieds un grand cyprez qui s'esleva tout à coup au milieu du theâtre comme si quelque Demon l'y fust venu porter. Il estoit si bien representé, que la pluspart le creurent estre naturel. Sur l'escorce du cyprez se voyoient escrites les mesmes paroles que les voix plaintives avoient chantées. Tancrede s'approcha en dançant, et ayant leu les characteres, donna un grand coup d'espée au cyprez en cadence et en coupa une branche dont sortit du sang. Alors comme si le tronc eust esté sensible, il poussa hors une voix pitoyable chantant ces vers :

Toy de qui la rigueur m'a fait cesser de vivre,
    Ne te suffit-il pas
De m'avoir mise à mort, sans me venir poursuivre
    Mesme après le trespas?

Au cercueil où je suis, quelle fureur te porte
    A troubler mon repos?
O Tancrede inhumain, me veux-tu, vive et morte,
    Meurtrir à tous propos?

Aux guerriers de Sion, ton âme sanguinaire
    Se devroit addresser,
Sans venir au tombeau chercher un adversaire
    Qui ne peut t'offenser.

La vigueur qui me reste au tourment que j'endure,
　　Et tout ce que je puis,
C'est de te reprocher d'avoir l'âme plus dure
　　Que le trône où je suis.

Fay ce qu'il te plaira ; je ne puis à mes plainctes
　　Rien adjouster, sinon
Que lorsque je receus tes mortelles attaintes,
　　Clorinde estoit mon nom.

A ce mot de Clorinde, Tancrede, touché d'amour et de pitié tout ensemble, jetta son espée, que les vents emporterent hors de la forest, et recula quelques pas, tout estonné de l'accident; puis s'approcha en dançant et ouvrant les bras pour embrasser Clorinde en ce cyprez. Il le voit tout à coup disparoistre devant luy : de quoy il ne resta pas seul esmerveillé ; car les assistans qui le virent si soudainement esvanoüir, ne se pouvoient quasi persuader qu'il n'y eust de l'enchantement en effect.

En mesme temps entrerent les deux Escuyers de Tancrede, qui dançerent un bal grave. Tancrede cependant demeuroit en extase, et comme ravy de ce qu'il venoit de voir et d'oüir. Les Escuyers revindrent vers le theâtre et amasserent l'espée de Tancrede, lequel en mesme temps ayant repris ses esprits, ramassa la branche du cyprez qu'il avoit coupée, et estant descendu en cadence vers les Escuyers qui estoient en la salle, dança un peu avec eux. Et lors les deux Escuyers se retirans, firent place aux Chevaliers des adventures qui vindrent devers Tancrede, et l'embrasserent tous trois en cadence.

Rentrerent après dans la salle, par les trois portes de dessous le theâtre, les Buscherons, les Scieurs et les Sagittaires, lesquels, avec les quatre Chevaliers des adventures, dançerent tous seize leur Ballet.

BALLET DES ANGES.

Ceste troupe estant retirée, la scene se changea en Temple, comme si elle se fust promise d'y recevoir les Deïtez celestes. Aussi vit-on en mesme temps le Ciel s'ouvrir de deux costés, où parurent quantité d'Anges chantans melodieusement en vers.

Puisque le Ciel propice aux armes de Tancrede,
Par elles a produict un merveilleux effect,
Afin que l'allegresse à la douleur succede,
Bornerons de nos chants l'enchantement deffaict.

Après, le Ciel s'ouvrit encore par le milieu, où se virent d'autres Anges chantans le mesme air, et une nuë s'abaisser dans laquelle ils descendirent sur le theâtre, et de là dans la salle. Ils estoient 28 en tout, dont les uns chantoient seulement, et les autres dançoient.

Les Anges musiciens avoient des robes longues de taffetas bleu, avec lambrequins au haut des manches de taffetas incarnadin, les manches de taffetas blanc; le tout chamarré de passement d'or. La coiffure estoit de cheveux en bouqueterie, les ailes de plume blanche.

Les Anges balladins estoient habillez pour la dance, ayans des corps à l'antique, avec doubles lambrequins de taffetas incarnadin, et le bas du saye de taffetas blanc rayé d'or, brasselets et rosettes de cuir doré; le tout enrichy de passement d'or et d'argent, avec des ailes de plume blanche. La coiffure de chevelure avec nœuds de bouqueterie.

Tous les Anges donc estans dans la salle, s'en allerent au son des luths et des violes, que quelques-uns sonnoient jusques auprès de la Royne où ils chanterent ces vers :

L'esclat de vos beautez, si digne de louange,
Faisoit croire à nos yeux que vous estiez un Ange ;
  Mais le Soleil et nous
 N'avons rien de beau, Royne, à l'esgal de vous.

Vos yeux, astres divins, remplis de chastes flammes,
Seroient des libertez qu'ont les plus belles âmes.
  Uniques possesseurs,
 N'estoit que le Ciel vous a donné deux sœurs.

Quelle gloire à vos pieds ne se voit abaissée,
Puisque vostre beauté possede la pensée
  Et les sceptres divers
 Du Roy le plus grand qui soit en l'Univers.

Cela fait, ils s'en retournerent vers le theâtre, et en allant, adresserent leurs voix aux Anges balladins par ces vers :

> O vous, Esprits glorieux,
> Qui guidez le bal des spheres des Cieux,
> Venez tous à la fois
> Danser un bal qui seconde nos voix.
>
> Vos yeux voyant les clairtez
> Que respand icy l'Astre des beautez
> Ne pourront au retour
> Qu'avec mespris revoir l'astre du jour.

Le chant finy, les violons sonnent et les Anges danceurs commencent le Ballet. Cependant, les Anges musiciens remontoient premierement dessus le theâtre, puis après par la nuë se retrouverent bien tost là-haut dans le Ciel, où estans arrivez et voyans que leurs compagnons qui dançoient, avoyent finy leur Ballet ils les appelerent en chantant. Ceux-cy remontent sur le theâtre en cadence, et se perdent dedans la nuë qui les ramene au Ciel.

LE GRAND BALLET DES SEIZE CONQUERANS DE LA PALESTINE.

Soudain que la nuë fut remontée au Ciel, avec autant de merveille comme elle estoit descenduë, la scene apparut partie en Temple, partie en amphitheâtre, où l'on descouvrit les seize conquerans de la Palestine. On les voyoit tous assis de rang dans un tabernacle en demy rond, representant le theâtre de la gloire enrichy de pyramides, trofées d'armes, palmes et lauriers. L'esclat de l'or, argent, perles et pierreries qui brilloit dessus eux, rendoit autant de lumiere à la scene comme ils en recevoient des flambeaux : leurs habits estoient d'incarnat blanc et bleu, le corps du pourpoint de satin blanc en broderie d'or, avec trois bas de soye. Le premier blanc, en broderie d'or fort relevée. Le second bleu, en broderie d'or et de perles fort riche. Le troisiesme incarnadin, en broderie d'argent; la coiffure faicte à l'Indienne avec force aigrettes ; le bas de soye incarnadin avec des bottines brodées d'or.

L'on eust esté plus longtemps en la contemplation de ces agreables merveilles, si les yeux n'eussent esté destournez par les Anges qui commençerent à chanter dans le Ciel les louanges de Godefroy et de tous les Chevaliers par ces vers :

Ce monstre dont l'enfer fut la noire origine,
Aux peuples baptisez ne donne plus d'effroy ;
Les chrestiens sont vainqueurs, toute la Palestine
Faict retentir au Ciel le nom de Godefroy.

Cependant que les Anges entretenoient l'assistance de la douceur de leur chant, les seize conquerans descendoient du theâtre en la salle, où estans, les Anges se taisent, les violons sonnent et les conquerans dancent leur grand Ballet. Et quoique le reste des masques fust lors sur le theâtre, si ne print-on quasi point garde à eux, tant la grâce et la disposition des danceurs tenoient les yeux d'un chascun avec des pas, mouvements et gestes si bien compassez et formez que tout alloit à la perfection.

Je ne veux pas oublier les habits des violons dont il y en avoit huict avec des longues robes de taffetas incarnadin, huict avec des bleuës, et huict avec des blanches de mesme estoffe ; le tout enrichy de passement d'or et d'argent, avec doubles lambrequins au haut des manches, des ceintures de gaze, coiffure de bouqueterie.

La salle du bal estoit toute eschafaudée à degrez rampans, qui prenoient depuis le bas jusques au haut du plancher, avec deux galleries de deux costez. Au bout estoit dressé un eschafaut en amphitheâtre où estoit la Royne, Monsieur frere du Roy, et Mesdames ses sœurs, MM. les Princes de Savoye, à sçavoir : M. le Prince de Piedmont, qui deux jours auparavant avoit espousé Madame Chrestienne, et M. le Prince Thomas, force autres Princes et Princesses, Seigneurs et Dames, si belles et si bien parées, que tout n'estoit qu'or, pierres et pierreries.

Ce Ballet a esté des plus beaux qui se soient jamais faicts en France, tant pour l'invention, ordre, suite, varietez et ornemens que Monsieur de Porcheres, qui en donna le dessin, y apporta, comme aussi par la structure du theâtre et de toutes les machines que fit joüer le sieur Francine, grand architecte et ingenieur du Roy. Ce qui eust esté bien peu, si tout n'eust esté animé par les airs des violons, et les pas merveilleusement bien concertez que donna Monsieur de Belleville, le premier homme de sa profession, avec la docte et artificieuse musique de Monsieur Guedron, qui n'a point de pareil en son art. Les esclairs, les feux, les flammes, avec les habits, les pas et figures du Ballet des Monstres estoient de l'invention de Monsieur Morel, tres-habile aux feux d'artifice. Il n'y eut qu'un seul defaut, qui estoit le peu d'espace qu'on avoit pour mouvoir un si grand corps au prejudice d'une infinité de gens, qui furent privez du contentement de le voir. Mais la presente relation pourra suppléer au deffaut pour contenter en quelque façon leur curiosité; ce qui representera le reste, ce sont les vers de Monsieur Bordier, dont sans recommander davantage le merite, il suffit que le Roy l'a choisi pour luy donner charge de la poesie près de sa personne.

ROOLLE DES PERSONNES QUI ESTOIENT AU BALLET

Magicien	1	Buscherons	4
Satyres	14	Scieurs	4
Sylvains	4	Sagittaires	4
Silenes	4	Chevaliers des adventures	3
Dryades	4		
Monstres armez	8	Tancrede	1
Monstres en la scene	4	Escuyers	2
		Anges musiciens	20
Furies	3	Anges balladins	8
Juges	3	Conquerans de la Palestine	16
Parques	3		
Plutor	1	Violons	24
Proserpine	1		
Charon	1	Somme toute	137

FIN

VERS

POUR

LE BALLET DU ROY

REPRESENTANT

LES ADVENTURES DE TANCREDE EN LA FOREST ENCHANTÉE

POUR LE ROY

REPRESENTANT LE CHEF DES CHEVALIERS DES ADVENTURES

Chef de cent nations aux combats animées,
Je ne suis point venu dans les champs Idumées
    Poussé d'ambition,
Mais poussé d'une ardeur d'embrasser la querelle
    De la pauvre Sion
Qui gemit sous le joug d'un tyran infidelle.

Le prodige qui tient ceste ville captive
Ne fait point que mes yeux, d'une œillade craintive,
    Mesurent son pouvoir;

Si ce monstre cruel me donne de la crainte,
C'est la crainte de voir
Les ruisseaux de son sang souiller la terre saincte.

Quand je ne pourrois faire aux despens de ma vie
Que la cité de Dieu ne fust plus asservie,
Ma gloire et mon bonheur
C'est que de tous les Roys, le Roy le plus auguste
N'a jamais eu l'honneur
De s'estre mis aux champs pour querelle si juste.

POUR LES BUSCHERONS

AUX DAMES, POUR MONSIEUR DE LIANCOURT

Fy de ces Buscherons, qui, naiz dans le mespris,
Au bois sec ou tortu font une triste guerre ;
Les arbres les plus beaux dez forests de Cypris
Sont les bois glorieux que je couche par terre.

POUR MONSIEUR DE BLINVILLE

Bien que je sois poussé du desir de paroistre,
Ne me souhaittez pas que la faveur des Roys
Me face quelque jour grand Veneur ou grand Maistre :
C'est assez que je sois grand abatteur de bois.

POUR MONSIEUR D'HUMIERES

Ce n'est pas grand trophée
Que la lyre d'Orphée
Des plus fiers animaux ayt charmé le courroux ;
La douceur tesmoignée
Du son de ma congnée
Ravit tous les oyseaux, excepté les coucoux.

POUR MONSIEUR DE CHALLAIS

O beautez qui voyez le mestier que je fais,
Si vous me mesprisez, il iroit bien du vostre ;
Ma congnée aujourd'huy faict d'estranges effects :
Quand elle abat du bois, elle en fait venir d'autre.

POUR LES SCIEURS DE BOIS

AUX DAMES, POUR MONSIEUR D'ELBEUF

Je travaille sans cesse avec un tel effort
A scier des beautez la rigueur endurcie,
Que l'Amour est ingrat, si, quand je seray mort,
Dans le ciel de Venus, il ne loge ma scie.

POUR MONSIEUR DE ROTHAM

Personne mes vœux ne reçoit,
Qui soudain ne m'en remercie ;
De tout ce que l'œil apperçoit,
Il n'est rien si doux que ma scie.

POUR MONSIEUR LE COMTE DE LA ROCHE-GUYON

Ne mesprisez point mon outil ;
L'advantage qu'il vous presente,
C'est qu'il n'est rien de si subtil
A se loger dans une fente.

POUR MONSIEUR LE GENERAL DES GALERES

Je ne suis point de ceux dont l'outil mercenaire
Sert indifferemment à toutes sortes d'arts ;
Si mes bras à scier s'occupent d'ordinaire,
C'est pour les traits d'Amour et les lances de Mars.

POUR LES SAGITTAIRES

AUX DAMES, POUR MONSIEUR DE BASSOMPIERRE

Puisque l'Amour m'appelle au mestier de Bellonne,
Que n'ay-je comme vous le courage inhumain,
Et que n'ay-je, ô beautez, le pouvoir qu'il vous donne :
C'est de bander un arc sans y mettre la main.

POUR MONSIEUR DE BRANTES

Bien que mon arc bande à cause de vous,
Et que ma flesche à nulle autre ne cede,
Ne craignez point la rigueur de mes coups :
S'ils font le mal ils donnent le remede.

POUR MONSIEUR DE COURTANVAUT

Ne cachez point les lis de vostre gorge ouverte,
Je suis trop malheureux lors que je vise au blanc;
Sur moy seul, ô beautez, tombe toute la perte,
Je ne tire un seul coup qu'aux despens de mon sang.

POUR MONSIEUR LE COMTE DE LA ROCHE-FOUCAULT

Ne craignez point les traits que mon bras va tirer,
Toute âme que je blesse en est d'ayse ravie ;
Quel mal à mes amis pourrois-je procurer,
Puisqu'à mes ennemis mes coups donnent la vie.

POUR MONSIEUR DE LUYNES

REPRESENTANT TANCREDE AU BALLET DU ROY

Eschappé des perils de la flamme et du fer,
Où mon courage alloit chercher mes funerailles,

Je sors d'une forest que les monstres d'enfer
Deffendoient remparez de flambantes murailles.

La menace et l'effroy que leurs yeux font pleuvoir
Pensoient intimider la fierté de mes armes ;
Mais au fort du danger leur tranchant a faict voir
Qu'elles ont une trempe à l'espreuve des charmes.

Au lieu que mille feux, mille morts, mille horreurs,
Me devoient empescher d'achever ma poursuitte,
J'ay contrainct tout le camp de ces noires fureurs,
De chercher son salut dans la honte et la fuitte.

Que les siecles futurs ne m'aillent eslevans,
Pour un si haut exploict, nulles marques de gloire;
Je n'ay rien merité de dompter les vivans,
Puisque les morts ont peu m'arracher la victoire.

Que dis-je transporté ? ce n'est rien de nouveau,
Si des gemissemens ont combattu Tancrede,
Je plains mes ennemis qui gisent au tombeau,
Et cede à la pitié quand la force me cede.

AUTRES VERS, AUX DAMES

Si je suis garanty des flâmes dont l'ardeur
Menaçoit tout mon corps de le reduire en cendre,
Ce n'est pas, ô beautez, que transi de froideur,
Je vive dans le feu comme la salamandre.

Philis a si bien sçeu m'enflammer peu à peu
De ce rayon divin qui dans son œil esclate,

Qu'à force de brusler, j'esprouve que le feu
M'est ce que la poison estoit à Mithridate.

Amour qui me destine un tourment nompareil,
Faict que parmy les feux je conserve mon estre ;
Ou du moins je ressemble à l'oyseau du soleil :
L'œil qui me faict mourir me faict aussi renaistre.

A MONSIEUR LE COMTE DE SOISSONS

REPRESENTANT UN CHEVALIER DES ADVENTURES

    Si mon sang et ma vie,
    Quand l'honneur m'y convie,
Ne sont pas les thresors que j'espargne le moins,
Et si dans les perils j'ay faute d'asseurance
Rendez en tesmoignage, ô beautez de la France,
Vos yeux en ont esté les fideles tesmoins.

    Ils ont veu mon courage,
    Couvert d'un grand orage,
Lutter contre l'effort de monstres inhumains,
Et pour fruict glorieux delessay de mes armes
Ils m'ont veu revenir de l'effroy des allarmes,
Les lauriers sur le front et les palmes aux mains.

    Mais bien qu'il soit notoire
    Que le desir de gloire
Ait emporté ma vie au milieu des hazards,
J'ay tort de m'en vanter ; le cœur le plus timide
Auroit esté vaillant, puisqu'il avoit pour guide
Ce Monarque dont l'œil est un astre de Mars.

POUR MONSIEUR LE GRAND PRIEUR DE FRANCE

AUSSI CHEVALIER DES ADVANTURES

Que ce divin object qui me donne la loy
Ne m'estime de ceux dont l'Amour a des aisles,
Caliste auroit grand tort de douter de ma foy,
Puisque je suis armé contre les infidelles.

Mon cœur, qui se promet un glorieux retour
Des plus fiers ennemis ne craint point la menace,
Vos beaux yeux l'ont remply de tant de traicts d'Amour,
Qu'un seul des traicts de Mars n'y sçauroit trouver place.

De quoy me servira que le Dieu des combats
A mes faits genereux mille palmes appreste,
Si Venus qui preside aux amoureux esbats
Des myrtes les plus beaux ne couronne ma teste ?

POUR LE ROY

REPRESENTANT LE CHEF DESDITS CHEVALIERS

Après avoir gaigné tant de rudes batailles,
Après avoir forcé tant de fieres murailles,
Et couru sous l'effort d'un monde de guerriers
  Des fortunes estranges,
Je sors du champ de Mars, tout couvert de lauriers,
  Et comblé de loüanges.

Sur le camp insolent des peuples infideles,
La victoire aujourd'huy n'ebranle plus ses aisles ;
Son vol s'est arresté sur mon chef glorieux,
  Où le Ciel l'a guidée.
Après mille combats, je sors victorieux
  Du tiran de Judée.

De ses royalles tours et palais magnifiques,
Il ne paroist plus rien que de tristes reliques ;
Sa honte et son trespas desrobent à mes yeux
  Ses menaces superbes,
Et l'orgueil de son front qui voisinoit les Cieux,
  Se cache sous les herbes.

BORDIER.

FIN

DISCOURS

DU

BALLET DE LA REYNE

TIRÉ DE LA FABLE DE PSYCHÉ

AVEC LES VERS (¹)

---

(1) *Paris, Jean Sara,* 1619, in-8.

A LA REYNE

Madame,

Le Ballet de V. Majesté, pour avoir esté parfaictement beau, fut dancé avec tant d'applaudissement d'un chascun, que ce seroit une espece de cruauté d'en taire le recit à ceux qui n'eurent la commodité de le voir. J'en ai faict à la haste un petit modelle en deux pages, lequel je presente à Vostre Majesté, avec tout ce qui est en moy de bons desirs, tant pour luy souhaitter toute grandeur et prosperité, que pour rechercher l'honneur de me dire,

Madame,

De Vostre Majesté

Tres-humble et tres-obeissant serviteur et suject,

Scipion de Gramont.

BALLET DE LA REYNE

TIRÉ DE LA FABLE DE PSYCHÉ

Le sujet du Ballet de la Reyne fut la fable de Psyché, que l'on peut voir dans Lucian et dans Apulée, en sa metamorphose. Monsieur de Porcheres eut commandement de le mettre en estat de pouvoir estre dancé, et d'en avoir la conduite, comme il avoit eu de celuy du Roy.

Dans la mesme salle doncques du Louvre, et sur le mesme theâtre fut dressée la premiere scene, qui representoit un jardin avec des berceaux, parterres, grottes, fontaines, canaux, bosquets, labyrinthes, et autres jolivetez, esquelles les ombres et les reliefs de la perspective avoient esté merveilleusement bien observez. Les tonnes, les pallissades et cabinets estoient rehaussez d'or; les fontaines artificielles, et les grands vases en relief, invitoient les uns à venir prendre de l'eau, les autres à cueillir des fleurs. Bref, rien n'y avoit esté obmis de ce qui peut donner du contentement à la veuë.

La premiere chose qui parut après la toile abattue, fut un char tout doré, garny de grands bouquets en pannache, très industrieusement elabourez, et par les costez estoffé d'une grande quantité de gaze d'or. Là dedans, sur un lict de roses et de lis, estoit couchée une Venus, et un peu plus bas Cupidon. Deux grands cygnes, sur lesquels estoient deux petits Amours, trainerent le char par dedans la salle en chantant, jusqu'à ce qu'estant venus tout au devant du Roy, Venus commença de faire un dialogue avec son fils, se plaignant de ce qu'il rend tous les hommes amoureux de Psyché, et que ses autels demeurent abandonnez. Cupidon luy promet de la punir et la rendre elle-mesme amoureuse. Ce recit fut fort agreable, tant par le chant de Venus et de son fils, qui avoient tous deux une fort belle voix, que par la musique de Flore, Zephire et les Grâces qui accompagnoient le char de Venus.

Le dialogue finy, le char s'en retourna dessous le theâtre, et Venus avec sa troupe se retira par dessus.

BALLET DES HYPERBORÉES

Entrerent douze Hyperborées, representans ceux qui viennent des climats les plus reculez, pour voir Psyché, estans encore eux-mesmes touchez de son amour, et ne voulans manquer au devoir que tous les autres peuples luy avoient rendu. C'estoient des gens vestus à la Sclavonne, avec des haches et des massuës. Ils vindrent en deux escadres, et dançerent leur Ballet avec des pas et mouvemens brusques à la soldade.

Ceux-cy s'estans retirez, parut Psyché sur le heâtre, superbement vestuë, laquelle dança avec ses deux sœurs. L'Amour la vint trouver, et l'ayant contemplée en devint amoureux. Psyché s'estant retirée, entra un concert de dix luths sonnants fort harmonieusement, et l'Amour à la teste, qui les conduisit jusques devant le Roy, où il chanta son recit, auquel il louë les beautez et parfections de Psyché, et commande aux Vents de l'emporter en son palais.

BALLET DES VENTS

Entrerent dans la salle huict petits garçons vestus de plumes, ayans des aisles aux coudes, à la teste, au dos, et aux tallons, qui dançerent leur Ballet en telle façon, qu'imitans la contrarieté des Vents, ils se trouvoient tousjours opposez de part et d'autre, chascun d'eux voulant avoir l'avantage d'emporter Psyché : ce qui les fit sortir tous huict.

Cela faict, la scene se changea en Palais, au milieu duquel parut Psyché dançant; cependant on oyoit une musique d'instrumens et de voix que Psyché ne voyoit point, non plus que ceux qui la servoient ordinairement, estans des esprits invisibles.

BALLET DES GENIES D'AMOUR

Après que Psyché se fust retirée, sortirent les Genies d'Amour. C'estoient douze petits garçons avec des aisles qu'on eust pris pour des

Cupidons, n'estoit qu'ils n'avoient ny arc ny flesches: leurs pas et leurs mouvemens ne representerent que delices et mignardises d'amour.

S'estans retirez, l'Psyché parut sur la scene avec ses sœurs, tenant l'une une espée, l'autre un flambeau: l'Amour sauta dans la salle, après lequel courut Psyché, et ne l'ayant pu attrapper, fit des actions comme d'une femme portée au desespoir.

BALLET DES NEREIDES

Psyché s'estant finalement retirée, la scene se changea en mer, les costez parurent tous de rocher, et au fond une grotte ornée de corail, coquilles et naque de perle. La mer avoit un mouvement artificiel et representoit si bien les flots esmeus et des ondes bleuës, qui haussoient et baissoient, qu'on n'eust pas creu que cela se peust representer sans eau. Du milieu de ces ondes sortit la Deesse Venus dans un char attelé de Dauphins, et vint chanter sur le theâtre un air de resjoüissance, de ce que l'Amour fuyoit Psyché.

A peine eut-elle mis fin à son air, que voylà six Tritons s'eslever doucement sur la mer, et moitié dedans, moitié dehors les flots marins, commencèrent à sonner de leurs conques. A ce son, dix Nereïdes sortirent de la mer, vestuës de robbes perses, et coiffées d'algues, lesquelles descendirent dans la salle, où elles dancerent leur Ballet sous les haubois desguisez en Tritons.

Les Nereïdes s'estans retirées, vindrent Junon, Cerès et Psyché qui dançerent sur le theâtre.

Cela fait, la mer, la grotte et les rochers disparurent et en leur place se vit des nuages dorez de tous costez. Au bas parurent les Dieux assemblez pour la deïfication de Psyché, qui fut la musique, laquelle descendit en chantant dans la salle. Cependant le Ciel s'ouvrit tout à coup par trois portes, où parurent seize Deesses, au milieu desquelles estoit la Reyne. Tous les yeux furent tournez vers ce Ciel plus brillant des beautez et des diamants de ces Princesses que des flambeaux qu'on y avoit allumez. La musique s'avance tousjours jusques à ce qu'estant devant le Roy, ou chanta un recit d'une seule voix, laquelle s'estant retirée :

Voicy descendre les Deesses, premierement dessus le theâtre et puis du theâtre en la salle. C'estoit une chose admirable. Elles estoient vestues de satin blanc avec tres-riche broderie d'or, la plus relevée qui se pouvoit. Et où la broderie laissoit du jour, les perles en grande quantité l'occupoient : les robbes estoient decoupées, et au dessous paroissoit un taffetas incarnat, encore decoupé, sous lequel s'en voyoit encore un blanc. Leur coiffure estoit d'une gentille façon avec force perles, aigrettes, et de grandes bandes de gaze d'argent qui leur pendoient par derriere jusqu'aux tallons, avec les manches pendantes, qui avoient fort bonne grâce. De vous dire la valleur et la quantité de la pierrerie qui estoit sur elles, il seroit autant impossible comme il est inutile.

Ces mortelles Deesses dançerent leur grand Ballet qui dura fort longtemps, sans manquer un seul temps, bien qu'il fust fort diversifié de figures, avec une chaisne qui se lioit de main en main tres-artificieusement.

Ce Ballet fut tres-beau, tant pour la diversité des scenes et representations, que pour la richesse des habits qui estoient fort superbes : et bien qu'on n'eust eu que cinq jours pour le preparer, et voire mesme qu'on n'eust pas loisir de le repeter une seule fois, si reüssit-il tres-heureusement par le soing et la diligence de ceux qui s'estoient employez au Ballet du Roy, soit pour l'ordre et conduite, soit pour les machines, les pas, la musique, et les airs des violons, dont Monsieur de la Barre, tres-excellent organiste, avoit composé les parties, comme encore celles du Ballet du Roy.

Pour les vers qui suivent, la Reyne commanda à Monsieur de Gombauld de les faire, sans qu'il fust resolu quelle Deesse chacune des Dames devoit representer.

POUR LA REYNE

REPRESENTANT JUNON

Celuy qui d'un clin d'œil fait trembler l'Univers,
Ne voyant rien d'esgal à mes appas divers,
De son royal hymen les rendit plus augustes.
Peut-on rien desormais à ma gloire adjouster?
Qu'en dites vous mortels? Lesquels sont les plus justes,
Ou les yeux de Pâris, ou ceux de Jupiter?

THEMIS

France à qui tous les Dieux amis
Parlent aujourd'huy par Themis,
Escoute mes divins oracles :
C'est un bruit commun dans les Cieux,
Que ton Roy fera des miracles,
Et ta Reyne des demi-Dieux.

MINERVE

Voulez-vous regner sans pareil ?
Grand Roy, faites que mon conseil
Soit toujours en vostre memoire.
Qui joint aux armes le sçavoir,
Mesure les Cieux de sa gloire
Et la terre de son pouvoir.

DIANE

Loin de moy, trouppes insensées,
Que vos amoureuses pensées
Ne profanent point mes autels ;
Vostre poursuite seroit vaine.
Que pourroient gaigner les mortels,
Où les Dieux ont perdu leur peine ?

CERÈS

Ne vous flattez point d'esperance,
Amans, vostre perseverance,
Ne gaigne rien de m'assaillir.
Qu'est-ce qu'un dessein trop superbe
Vous feroit enfin recueillir?
Vostre moisson seroit en herbe.

ASTRÉE

Courage, Prince magnanime,
Redonne à mes loix leur estime ;
Chasse les monstres de ces lieux ;
Que le vice ait peur de ton ombre,
Fay tout à l'exemple des Dieux,
Dont tu doibs augmenter le nombre.

THETIS

Tous les Dieux sont au desespoir,
Leurs soupirs n'ont sceu m'esmouvoir,
Quelque mal qui les face plaindre ;
Ils ont peine à s'en retirer ;
Car si mon humeur me fait craindre,
Ma beauté me fait desirer.

FLORE

Dessous mes pas naissent les roses ;
Mon lustre efface toutes choses,
Et mes yeux font le ciel plus doux.
Mon sort, par dessus les plus belles,
Me donnant un Dieu pour espoux,
M'a mise au rang des immortelles.

LA FORTUNE

Ne blasmez point mon changement ;
Je change avecques jugement,
Soit qu'on m'oblige, ou qu'on m'irrite.
Mais je confesse qu'aujourd'huy,
J'ay trouvé quelqu'un qui merite
Que je sois constante pour luy.

BELLONNE

Vous qui contemplez mes beautez,
Et qui sçavez mes cruautez,
Je voy bien le doute où vous estes :
Par qui je fay sur les humains
Plus de meurtres et de conquestes,
Ou par mes yeux, ou par mes mains.

LA VICTOIRE

J'ay pitié de vos destinées,
Ames vainement obstinées
A vouloir vaincre mes rigueurs.
Vous aspirez à l'impossible ;
Moy qui rends les autres vainqueurs,
Ne dois-je pas estre invincible ?

HEBÉ

Je vous rendray pareils aux Dieux,
S'il faut que ma Reyne, en ces lieux,
Face desormais sa demeure ;
Vous vivrez esternellement,
Ou s'il advient que quelqu'un meure,
Ce sera d'amour seulement.

L'AURORE

Je suis l'Aurore au teint vermeil,
Qui marche devant le Soleil,
Selon la celeste ordonnance ;
Mais il me semble qu'aujourd'huy,
Contre son ordre, il me devance ;
Ou bien je prends Junon pour luy.

IRIS

Junon me ravit seulement;
Son service est mon element;
A d'autre gloire je n'aspire,
Et si j'en croy ma passion,
Il n'est de si puissant empire
Qui vaille ma subjection.

POMONE

Trois Deesses pleines d'appas
Pour la pomme d'or n'eurent pas
Une si fascheuse querelle,
Que celle qu'auroient tous les Dieux,
Pour deux pommes que je recelle,
Si j'en faisois montre à leurs yeux.

PALAS

Les grands Dieux aux temples dorez
Ne sont pas les mieux adorez,
Et pour moy je fuy leurs exemples;
J'aime les champs et les pasteurs,
Et n'ay point d'autels, ni de temples,
Qu'au cœur de mes adorateurs.

FIN

LES CHERCHEURS

DE

MIDY A QUATORZE HEURES

Ballet dansé au Louvre, en la presence de
Sa Majesté, le 29 janvier 1620 (¹)

---

(1) *A Paris, chez Jean Berion, imprimeur, ruë S. Jean
de Beauvais, au Cheval volant,* 1620, in-12 de 8 p.

BALLET DES CHERCHEURS

DE

MIDY A QUATORZE HEURES

Bien que la dure violence
De l'hyver au front enfumé
Resserre dedans le silence
Nostre plaisir accoustumé,
Si quitterons-nous nos demeures
Pour voir Midy à quatorze heures.

Enfermés dedans nos tanieres,
Nos outils deviennent relans,
Et ceste saison casaniere
Nous faisant perdre nos chalans,
Nous a fait quitter nos demeures
Pour voir Midy à quatorze heures.

Dedans nostre faineantise
Nos esprits s'estans engourdis,
Ceux qui cherchoient nostre hantise
Sont devenus si refroidis,
Qu'ils nous font quitter nos demeures
Pour voir Midy à quatorze heures.

Belles, si la pitié vous touche
Et vous force à nous secourir,
Entr'ouvrez seulement la bouche
Et dites : Je vous veux guarir.
Nous quitterons là nos demeures
Pour voir Midy à quatorze heures.

LE JOUEUR DE GOBELETS

Avec cette ample gibecière
Je puis jetter de la poussiere
Aux yeux moins sujets au venin ;
Du monde je fais une buze
Et je surpasse par ma ruze
Maistre Jacques et maistre Gonin.

LE BATTEUR DE FUSIL

Fi de ces outils emoussés
Qui, pour estre trop harassés,
Font moins de feu que de fumée.
Pour moy j'atteste mon fusil
Qu'avec un mouvement subtil
J'ay tousjours la mesche allumée.

L'ESPAGNOL

Je suis le demon de la guerre,
Seul espouvante de la terre
A qui l'effroy tourne le dos.
Mon vent raze les citadelles,
Mars fait son fort dans mes prunelles,
Et l'Amour me cede en champclos.

LA VIEILLE

Bien que mes membres engourdis
Et mes mouvemens refroidis
N'ayent plus ny puissance ny force,
L'entendement n'est pas usé,
Puisque l'esprit le plus rusé
A plié dessous mon entorce.

LE PROCUREUR

Les leurres de chicanerie,
Le tabut de la plaiderie
Sont les moyens à qui je tends ;
Au plus matois je fais la nique,
Mais le meilleur de ma pratique
Est une taxe de despens.

LE RAMONEUR

Mes Belles, c'est vous que je cherche
Avec mon racloir et ma perche
Pour vous monstrer une leçon ;
Croyez-moy que vos cheminées
Seront proprement ramonées,
Si vous esprouvez ma façon.

LE CHARLATAN

Ma pommade d'experience
Et mes grains passent la science

De Mondor et de Tabarin.
Qu'ils fassent, je les en depite,
L'huile de reins que je debite
Avec leur sauge et romarin.

LE VENDEUR DE LUNETTES

Mes lunettes sont de grand prix ;
Ce n'est pas icy verre gris :
Je les vends pour fine Venize.
Elles font lire dans la nuit,
Et lorsque le Soleil nous fuit,
Monstrent la chair sous la chemise.

FIN.

BALLET DES FOLS

dansé en l'hostel de Monsieur de Montmorency
et autres lieux, le 2 mars de cette presente
année (1620)

DÉDIÉ AUX CURIEUX (¹)

---

(1) A [...]is, chez Pierre Auvray, marchand libraire, demeurant en l'isle du Palais, au Saphir bleu, 1620, in-8 de 7 pages.

BALLET DES FOLS

AUX CURIEUX

Je suis la mere feconde
Des Dieux et des beautés du monde;
Bien que plus basse en l'univers,
Je viens advoüer à ma gloire
Que vos beautés ont la victoire
Sur tous mes ouvrages divers.

Ce siecle les autres surmonte,
Vos beautés aux autres font honte,
Qui n'estoient qu'un ombre jadis,
Et chacun qui vous cognoist belles,
Bien que par moy vous soyez telles,
Me faict par vous un paradis.

De ceste louange estimée
Ou bien de vostre renommée,
Je fais sortir ces curieux
Qui sont de vrais Fous en essence,
S'ils cherchent d'amour la naissance
En autres lieux que dans vos yeux.

~~Ces Fous partout à haute gamme,~~
Voyant quelquefois une dame

Suivre l'esclat d'un diamant,
Ont jugé d'une âme mal faite,
Que dans son essence parfaite,
Logeoit tout le bien d'un amant.

Et pour ce qu'un amant souhaite
Rechercher la vertu secrette,
Qui fait fleschir une beauté,
A ceste recherche cachée,
Leur âme est si fort attachée
Qu'ils en perdent la liberté.

O la folie nonpareille,
Que l'Amour cause de merveille
Dedans l'imagination!
Quittez ceste entreprise vaine,
Ces belles vous monstrent sans peine
L'Amour en sa perfection.

Belles, dont le renom illustre
Me sert d'ornement et de lustre,
Celuy qui ne le cognoist pas
Est comme un monstre en la nature,
Et ne voit jamais qu'en peinture
La Beauté, la Grâce, l'Appas.

FOLLASTRERIE, AUX DAMES

Ces Fous tous blessés de cervelle,
Qui cherchent d'une erreur nouvelle
L'Amour au dedans d'un rocher,
Changeroient bientost de folie,
Si quelqu'une estoit si jolie,
Qu'elle se laissast rechercher.

AUTRE FOLLASTRERIE, AUX DAMES

O Fous ! quittez vostre dessein,
Dessous la roche d'un beau sein ;
Si une belle ne s'offense,
Je vous estime assez subtils
Pour trouver avec vos outils
De l'Amour la parfaite essence.

VERS D'UN AUTRE BALLET

LA FOLIE D'UN MESSAGER, AUX DAMES

Après avoir languy longtemps,
Loin de vos beaux yeux que j'adore,
Je m'y suis venu rendre encore
Comme au seul bien que je pretends,
Pour vous dire le mal extresme
Que j'ay souffert en ce sejour,
Sçachant bien qu'il n'est en Amour
Si bon message que soy-mesme.
Mais pourtant, Philis, je m'estonne
Du changement de vostre esprit.
Vous ne me l'avez point escrit,
Vous me l'avez dit en personne,
Que je n'estois plus vostre amant.
J'en suis fol de melancolie,
Cela fait bien voir clairement
Que vous aymer extresmement
N'est rien qu'une extresme folie.

FIN

BALLET

DE

MONSIEUR LE PRINCE

RECIT DE LA VOLUPTÉ

QUI AMENE LES DESBAUCHÉS (¹)

---

(1) *Paris, Pierre Auvray*, 1620, in-8 de 4 feuillets non chiffrés.

BALLET

DE

MONSIEUR LE PRINCE

RECIT DE LA VOLUPTÉ

Reyne des gens pleins de loisir,
Je fay gouverner mon Empire
Par ceux qui n'ont autre plaisir
Que de trouver le mot pour rire,
Et dont les esprits libertins
Suivent les jeux et les festins.
Ils aiment tant leur liberté,
Qu'en une penible conqueste,
Est-ce d'une extresme beauté,
Ils ne se rompent point la teste
Et leur desir n'est attaché
Qu'a ce qu'ils ont à bon marché.

Rien n'est trop chaud, ny n'est trop froid,
Pour ces amys de la desbauche;
~~Quand une taverne est à droict,~~
Ils ne tournent jamais à gauche,
Et dans le commerce du jeu,
Ils font grande chere et beau feu.

Bien que les tresors leur soient chers,
Le travail qui les importune
Fait que les flots et les rochers
Ne peuvent nuire à leur fortune.
Pour faire une bonne maison,
Trois dets leur en font la raison.

Ils ont pour dernier reconfort
L'espoir d'estre enfant de la matte,
Et cependant leur coffre-fort,
C'est le derriere d'une natte.
Leur cuisine est un lieu si net,
Qu'il peut servir de cabinet.

AUTRE RECIT DE COMUS

QUI AMENE LES DEMY-DIEUX AU GRAND BALLET

Je ne suis point un Dieu qui protege les vices,
Ny les hommes plongés dans les sales plaisirs;
J'ayme que dans les cœurs la gloire et les delices
    Partagent les desirs.

J'abhorre les censeurs, qui pour autruy reprendre,
Portent negligemment longue barbe au menton,
Et l'amour de l'honneur me plaist en Alexandre,
    Et non pas en Caton.

La vertu n'eut jamais d'agreables exemples,
Comme ceux qu'aujourd'huy j'amene en ceste Cour;
Ce sont des demy-Dieux qui n'auroient point de templ
    N'estoit Mars et l'Amour.

Le Louvre estant le port à leurs desirs propice,
Ils viennent adorer le soleil des beautés,
Dont tes rayons plus vifs du soleil de Justice,
    Impriment leurs clartés.

Grand Roy, si ces heros echappés des orages,
Ne te payoient leur vœux, il iroit bien du leur ;
Aussi consacrent-ils leurs fideles courages
    Aux pieds de ta valeur.

BORDIER.

FIN

LE BALET DU HAZARD

DES

TOURNIQUETS, OUBLIEUX, CROCHETEURS, COUPEURS DE BOURSES, BLANQUIERS, PESCHEURS, VIGNERONS, COU-VREURS, CHASSEURS, ETC.

---

(1) *Paris, Nicolas Rousset et Sebastien Lescuyer*, sans date (1620), in-8 de 15 pages.

LE BALET DU HAZARD

LE HAZARD AUX DAMES

Après que la rigueur de Mars
A fait voir mille et mille hazards,
Dans l'incertitude des armes
Le Hazard enfin glorieux
De quitter l'effroy des alarmes,
Est venu paroistre à vos yeux.

L'Amour des hazards ne s'exante ;
Souvent quelque fiere tourmente
Le faict risquer dans le malheur ;
Mesme l'Amour jamais n'envoye
Ny le plaisir sans la douleur,
Ny le desplaisir sans la joye.

Ainsi je reviens de la Cour
Pour suivre les loix de l'Amour,
En y semant des adventures ;
Les hazards y sont gratieux,
Et n'y voit-on des sepultures,
Sinon pour les audacieux.

Et qui ne sçait point les traverses,
Du soin et des peines diverses
Dont aimant nous nous travaillons,
Et que franc de crainte et d'envie,
Sans se piquer aux aiguillons,
Cueille les roses de la vie.

TOURNIQUET

Mes Dames, ce jeu vous doit plaire,
Il simpatize à vostre humeur;
Il faut avant que d'en rien faire
Qu'il soit renversé du joueur.
La table legere et mobile
Veut l'esguille droicte en tout temps;
Bref, la methode est si facile
Qu'on en cherit le passe-temps.

L'OUBLIEUX

Venez toutes à l'Oublieux :
Sa marchandise n'est pas chere,
Et les medecins plus fameux
En guarissent le mal de mere.
Filles, donnez-vous en carriere,
Mais essayez pareillement
De mon corbillon de devant
Comme de celui de derriere.
Vous y retournerez souvent,
Pourveu que gardiez seulement
Qu'il n'enfle vostre pannetiere
D'autre matiere que de vent.

LE CROCHETEUR PORTE-BALLETS

Hazard sur les ballets, hazard ;
Porte-ballets est mon office,
Dames, essayez de mon art,
Agreable en est l'exercice.
Mes ballets remplis de verdures
Mettront vos chambres en tel poinct,
Qu'il n'y restera point d'ordure,
Pourveu que vous n'en ayez point.

LE COUPEUR DE BOURSES

Qu'un chacun garde sa pochette,
Mon mestier est bien merveilleux,
Argent en main, besongne faicte ;
Mais il est aussi hazardeux,
Qu'après l'avoir belle eschappée,
Il arrive que trop souvent
Que pour une bourse coupée,
On me faict servir de pendant.

LE BLANQUIER

Qu'il est dehors, qu'il est dedans,
C'est un jeu fort plaisant, mes Dames,
Vous y pouvez passer le temps
En passant l'ardeur de vos flâmes.

Je suis grand maistre en ceste affaire,
Et quand je l'enseigne une fois,
Je jure Dieu que je fais faire
Un chef-d'œuvre au bout de neuf mois.

LE PESCHEUR

La pesche seroit de grand prix,
N'estoit qu'il y faut trop attendre,
Et souvent un grenaud s'est pris
Qu'on pensoit une folle prendre.
Quand à la vogue du poisson
Tous ne mordent pas l'ameçon,
Les prises sont fort casuelles,
Et maintenant dedans les eaux,
On ne pesche que maquereaux
Et ne peut-on voir de pucelles.

LE VIGNERON

Bien que je sois bon vigneron
Qui sçait bien planter à la ligne,
Estant pourtant jeune leuron,
J'aymerois mieux, quittant la vigne,
Mesdames, avec vous planter
En secret ce que Diogene
En public, sans s'espouventer,
Plantoit un jour dedans Athenes.

LE COUVREUR

Dames, pour gaigner vostre amour,
Je suis Couvreur de grand courage ;
Je couvre de nuict et de jour,
Et si je couvre à vostre usage ;
Car je suis tellement adroict,
Que lors que la nuict est obscure,
Ne pouvant couvrir sur le toit,
Je couvre soubs la couverture.

LE CHASSEUR

La chasse et l'amour sont semblables,
La chasse est fille de l'amour ;
Les chasseurs sont tousjours aymables,
L'on chasse la nuict et le jour.
Mais la chasse la plus gentille
Se fait dans les taillis nouveaux,
Alors que le lapin connille
Pour se jetter dans les panneaux.

LES PIONNIERS D'AMOUR, AUX DAMES

Dames, vous pourriez trouver pis
Que nos pesles bien amanchées ;
Nous sommes bien fournis de pics
Pour besongner à vos tranchées.

Sans Pionniers on ne peut prendre
Ny rempars, ny ville, ny tour,
Et d'effect si voulez l'apprendre,
Nous sommes Pionniers d'amour.

Nous sommes si bons à la guerre,
Pour miner, frapper et trencher,
Qu'enfin nous faisons rez de terre
La forteresse tresbucher.

Tousjours avecques la besoche
La treuth, le picq et le hoyau,
Nous frappons si bien une approche
Que nous renversons le chasteau.

Nous portons dessus nos eschines
Nos ferremens bien retroussez :
Car il faut de grosses fassines
Pour bien recombler vos fossez.

EPIGRAMME

Je ne sais point celuy qui s'esmerveille,
De voir les sots mieux que les advisez,
Estre de vous (Dames) favorisez :
Car chaque chose estime sa pareille.

COMPARAISON DES FEMMES ET DE LA LUNE

STANCES

La Lune pasle est moiteuse,
Et la rougeastre est venteuse ;
La blanche ayme le temps beau,
Dont à bon droict (ce me semble)
Tout genre de Dames semble
A ce nocturne flambeau.

La Dame pasle est pisseuse,
Et la rougeastre est vesseuse ;
La blanche ayme le plaisir,
Et toutes comme la Lune
Ayment la nuict sombre et brune
Pour tracasser à loisir.

L'ARRACHEUR DE DENTS

AUX DAMES

Je tire les dents de la bouche,
Mais c'est avec un tel compas,
Q'alors que je n'y touche pas
Vous ne diriez pas que j'y touche.

Je sens mille feux ardents
Que pour trop aymer j'endure ;

Ma Belle, je vous le jure
En foy d'Arracheur de dents.

Pour recompenser mon merite,
Arrachant les dents bien à point,
Permettez que je vous visite
Vostre bouche qui n'en a point.

Je fais qu'une dent on crache
En sonnant du flageollet,
Ou de cent pas je l'arrache
Avec un arc à jalet.

On y viendroit comme à la feste,
Et j'en aurois bien plus d'escus,
Si je tirois hors de la teste
Les cornes de tous les cocus.

Les maux des dents sont des furies
Dont je sçay guarir promptement,
Plusieurs Dames en sont guaries,
Mesme en voyant mon instrument.

LES BATTEURS D'AMOUR

AUX DAMES

Nous sommes les Batteurs d'amour,
Soit que la nuict vienne à son tour,
Ou que le beau jour renouvelle,
Incessamment nous besongnons,
Et sans que pas un traisne l'aisle,
Tant nous sommes bons compagnons.

Nous allons de teste et de reins,
De pieds, de jambes et de mains,
Ore en avant, ore en arriere,
Et frappons en nous demenant
De si vigoureuse maniere,
Que le grain sort incontinent.

Aussi nous avons entre nous
De bons fleaux par dessus tous ;
Ils ont une gloire accomplie,
Et sont tellement bien versez,
Que plustost l'effort ne les plie,
Que leurs grands bouts sont redressez.

Belles Nymphes dont les beaux yeux
Esclairent ces champestres lieux
Qui vous benissent de louanges,
Si vous les jugez moins parfaicts,
Prestez-nous seulement vos granges,
Et vous en verrez les effects.

FIN

BALET DANSÉ

EN

LA PRESENCE DU ROY

PRINCES ET SEIGNEURS DE SA COURT

en la ville de Bourdeaux, au chasteau Trompette
le 27 septembre 1620 ([1])

([1]) *Paris, Nicolas Alexandre*, 1620, in-8.

BALET DANSÉ

EN LA

PRESENCE DU ROY ET DE SA COURT

Le Roy, après avoir pris un peu de repos, et s'estant demis de la peine et de la fatigue qu'il a euë, a sejourné à Bourdeaux, pour s'y recreer, et disposer de son estat: et pendant le temps qu'il luy a pleu demeurer en ceste ville, Messieurs les Princes se sont preparez et disposez à luy donner quelque contentement, recherchans les moyens de le resjoüir par quelques recreatifs plaisirs. Tellement que deliberans de porter un Balet, et de danser en presence de sa Majesté, ils s'y disposerent avec tant d'appareil, que rien ne fut oublié en ce dessein, digne d'estre representé devant un Roy: de sorte que le dimanche 27e jour du present mois, ils mirent à execution leur entreprise, et reüssit, avec loüange, à leur gloire, et au contentement de sa Majesté.

Or est-il qu'ils avoient pris un subject digne vrayment d'estre magnifiquement representé: la victoire des dernieres armes de ce jeune vainqueur. Le Roy donc estant en la grand salle haulte du chasteau Trompette de la dite ville, Monsieur frere de sa Majesté, Monsieur le Prince de Condé, Messieurs les Ducs de Mayenne, de Luynes, Branthes, et les autres seigneurs de la Cour ordinaire de sa Majesté, virent entrer douze jeunes enfans richement vestus à la Turque, couverts de damars blanc, incarnad, et verd à grand floque, leurs turbans pendans : l'un desquels estoit aislé, lequel après avoir dansé avec ses compagnons, se retira au milieu de la salle, et dit :

> Grand Roy, dont l'honneur glorieux
> Est mis au temple de memoire :
> Pour immortaliser ta gloire
> Tu seras un Astre des Cieux.

Et lors qu'il se voulut retirer, il en parsema la place, et suyvit sa compagnie : ainsi qu'ils sortirent, un Rodomont entra avec des gestes merveilleusement naïfs, lequel après avoir fait plusieurs tours et retours, dit ses parolles :

> Je suis ce vaillant capitaine
> Qui, vainqueur de la race humaine,
> Ay triomphé dans les Enfers :
> Maintenant ma force est perduë,
> Louys me l'a bien abattuë :
> C'est le plus grand de l'Univers.

Ayant donc achevé de parler, il se retira.
Puis après entrerent huict Cavaliers vestus à la More, l'espieu au poing, qui triompherent

en mille entre-volts, et representoient en leurs pas mesurés la Victoire, sur les aisles de la Renommée, qui estoit de la trouppe, couverte d'une toille d'or, et sur son voile volant estoient escrits ces vers :

Je porte en un moment jusques au bout du monde
L'honneur et la valeur, la gloire, et la vertu :
Je vay prendre mon vol, et par terre, et par l'onde
Pour dire que Louys est desjà revestu
D'honneur et de vertu, de valeur et de gloire ;
Je vay par tous les lieux publier sa victoire.

Ils furent joincts par six Bergeres, habillées en Nymphes eschevelées et parées de mille fleurs de diverses couleurs, qui avec le luth et la voix (ainsi que les Cavaliers se retiroient) fredonnerent ces mots :

AIR DES BERGERES

Nous quittons nos troupeaux et nos cheres houlettes
Pour vous venir cercher, vainqueur de l'Univers,
    Où vous estes :
Nous vous sacrifions ces beaux myrtes tous verds ;
    Nos habits
Pour gloire auront pas cy après vos Lys.

Nous laissons nos brebis, nos loges, nos bocages,
Pour venir adorer l'honneur et la grandeur
    De vostre aage :

Et nous vous honorons comme nostre tuteur :
Nos habits
Pour gloire auront par cy après vos Lys.

Or nous abandonnons sans regret nos campagnes,
Nous mesprisons nos bois pour vous venir servir :
Nos compagnes
N'auront plus le pouvoir de nous y asservir.
Nos habits
Pour gloire auront par cy après vos Lys.

Puis ayans finy leur voix, ils se joignirent tous, et ensemblement danserent d'une façon si adextre, d'une grâce si accorte, d'une gravité si magnifique, et d'un vol si leger, que la subtilité de leurs caprioles mignonnement entrecoupées, passoit en admiration dans l'esprit du Roy, et de tous les assistans.

Or après qu'ils eurent bien dansé l'espace d'une bonne demi-heure et davantage, afin de se donner un peu de relasche et reprendre haleine, ils se retirerent. Cependant il y avoit une noble musique, la douce melodie de laquelle faisoit delicieusement couler le temps, entonnant d'une voix bien organisée ces vers :

VERS CHANTEZ EN LA PESENCE DU ROY

J'aperçoy le grand Mars tout couronné de palmes
Marcher en ces bas lieux :
Je le voy foudroyant par l'esclat de ses armes :
Il a quitté les Cieux.

Non, non, ce n'est point Mars, il n'a point tant de grâce,
  D'attraicts, ni de valeur :
C'est Louys, je le voy, qui porte sur sa face
  La marque du vainqueur.

Je voy le blond Phœbus qui quitte sa carriere
  Pour s'approcher de nous :
S'il s'advance plus près, sa bruslante lumiere
  Nous consumera tous.

Non, ce n'est point Phœbus, il n'a point tant de lustre,
  Tant d'esclat, ni de feux :
C'est Louys, je le voy, qui glorieux le frustre
  De l'honneur de ses vœux.

Voicy venir l'Amour, le mignon de Cyprine,
  Avec son arc en main :
Il vient pour offencer nostre tendre poictrine,
  Tant il est inhumain.

Ce ne peut estre Amour, il n'a point tant d'adresse ;
  Non, non, ce ne l'est pas ;
C'est Louys, je le voy, je cognois à sa trace
  Qu'il a bien plus d'appas.

Après donc que ceste harmonieuse voix eust cessé, il entra une bande de Bergers, qui en leur accort paysage poursuivirent la danse de leur Ballet, et autres subjects sans dessein, jusques au temps qu'il pleust à sa Majesté commander qu'on finist. Ainsi se retirerent-ils, chargés de gloire, et couverts de loüanges.

FIN

LE BALLET

DE

L'AMOUR DE CE TEMPS

REPRÉSENTÉ PAR

LES ENFANS SANS SOUCY, AUX DAMES

1620 (¹)

---

(1) *A Paris, par Antoine Bourriquant, rue des Mathurins, au Lys fleurissant,* 1620, in-8 de 14 pages.

LE BALLET

DE

L'AMOUR DE CE TEMPS

L'AMOUR AUX DAMES

Mes Dames, je viens au secours
A vos beautés pleines de charmes;
Mon pouvoir est à son decours,
Les amants mesprisent mes armes,
Et sans la faveur de vos yeux,
Je ne suis plus au rang des Dieux.

Naguieres on voyoit soubs ma loy
Tant de nations asservies,
Qui, libres, se mocquent de moy,
Vous n'en pouvez estre servies ;
Et sans, etc.

Par un accident tout nouveau,
Je sens l'effort de l'avarice,
Son lustre amoindrit mon flambeau,
L'on ne fait plus cas que du vice,
Et sans, etc.

Si vous m'aidez de vos regards
Dont les Dieux redoutent les flâmes,
Je puis avoir assez de dards
Pour vaincre les plus fieres âmes,
Et sans la faveur de vos yeux,
Je ne suis plus au rang des Dieux.

POUR LE PAYSAN

AUX DAMES

Pourquoy vous rompez vous la teste ?
Pourquoy faites-vous tant de festes,
Pauvres aveugles, à cet enfant ?
Voulez-vous avoir de la joye ?
Venez tous adorer mon oye
Qui me rend d'Amour triomphant.
Aimez-vous icy quelque Dame
Qui se plaise dedans vos flâmes,
Vous voir brusler et consumer ?
Mon oye a seule la puissance
A qui tout doit obeissance
De la contraindre à vous aymer.
Les soupirs, les pleurs et les plaintes
Donnent de si foibles atteintes
Au cœur des Dames de ce temps,
Qu'elles vous feront bien attendre,
Et le plus souvent sans rien prendre,
L'esté, l'hyver et le printemps.
N'esperez plus que l'on vous ayme ;
Quand vous seriez des Amours mesme,

En ce temps son pouvoir divin
N'a plus de force sans mon oye,
Et si vous ne suivez ma voye,
Ma foy, vous aimerez en vain.

LES CAVALLIERS GAULOIS

AUX DAMES

Nous sommes Cavalliers gaulois,
Subjects d'Amour et tributaires,
Qui rend par de nouvelles lois
Nos combats aux autres contraires.

Car tenant celle dessoubs nous,
Par qui nostre âme est asservie,
En la perçant de mille coups,
D'elle nous recevons la vie,

Et vaincus en ces doulx esbats
D'une amoureuse violence,
Comme maistresse des combats,
Chacun de nous luy rend sa lance.

Puisqu'ainsi donc vous acquerez
Tant d'honneur en ceste milice,
Belles, sans plus ne differez
D'entrer avec nous dans la lice.

POUR LES MORES

AUX DAMES

Deesse aux cheveux blonds, qui tiens ma liberté
Dessoubs tes loys, seul heur de ma captivité,
Je ne parois parmy ces nations estranges,
Que pour estre esclairé des rais de tes beaux yeux,
Qui servent dans le Ciel de deux soleils aux Dieux
Qui ne se font divins qu'en chantant tes louanges.

Je ne porte le bleu, je ne suis More aussi
Que pour vous faire voir, objet de mon soucy,
Que stable à jamais je vous seray fidelle,
Que mon amour sera tousjours en un printemps,
Car mon affection, fille unique du temps
Comme son geniteur, doibt durer eternelle.

POUR LES MORES

AUX DAMES

Bruslez par le soleil d'une ardeur excessive,
Mes Dames, nous voicy qui bruslons de vos feux;
Si nos corps sont atteints de sa chaleur si vive,
Nos cœurs sont consumés par l'esclat de vos yeux.

Si nous sommes tout noir d'habit et de visage,
Ne nous regardez point d'un regard dedaigneux ;
Nous n'en sçavons pas moins l'art d'amour et l'usage
Sont ceux de nostre teint qui l'entendent le mieux.

TOPINAMBOUS

AUX DAMES

Belles, je suis Topinambous
Venu d'une terrre estrangere;
J'ay quitté mon pays pour vous,
Mes biens et ma famille entiere,
Et remply de necessité,
Je parois en cette cité.

Qui me console en ce deffault
Est que nature, bonne mere,
M'a pourveu de ce qu'il me faut
Pour joüer au jeu de Cythere,
Et que voyant comme je suis
Tout nu, vous m'ouvrirez vos huys.

LE PAYSAN QUI PORTE UNE OYE

Je suis plus puissant que l'Amour,
Plus encor que n'est la Fortune;
A quiconque me fait la cour,
Je rends toute chose opportune.
Il n'est rien de fascheux dont je ne vienne à bout,
  Car mon oye fait tout.

S'il vient à moy quelque amoureux
Qui se plaigne de sa maistresse,

J'adoucis son cœur rigoureux,
Quand ce seroit une Lucrece.
    Il n'est, etc.

Je donne aux filles des marys,
L'honneur blessé je raccommode,
Je reconforte les marys,
Et tourne le temps à ma mode.
    Il n'est, etc.

Je rends tout gay par mon regard,
Et quelque part que je me mette,
Je me moque de mauregard
Et des effects de la comete.
    Il n'est, etc.

En mon faict je ne manque point,
S'il se presente quelque affaire,
J'ay le moyen de bien à point
Le commencer et le parfaire.
    Il n'est, etc.

Par mille et mille effects divers,
Je polis une âme grossiere;
Les grands secrets de l'Univers
Sont au fond de ma gibeciere.
    Il n'est, etc.

L'on ne me sçauroit empescher
Des belles Dames la conqueste,
Quand je viens à leur decocher
Le matrat de mon arbaleste.
Il n'est rien de fascheux dont je ne vienne à bout
    Car mon oye fait tout.

LE VENITIEN, AUX DAMES

Nostre cœur est ferme et constant,
Et si nous avons du comptant
Pour subvenir aux amourettes,
Belles, voyez bien nostre corps,
Et la façon de nos brayettes :
Le bon ne passe pas dehors.

LE TURC, AUX DAMES

En arrivant en ce pays,
Nous nous sommes bien esbahys
De tant de beautés qu'il abonde,
Et n'ayant veu rien de pareil,
Nous avons creu que par le monde
Il y avoit plus d'un Soleil.

C'est pourquoy, portant le Croissant,
Marque d'un courage puissant
Et d'une force non commune,
Nous osons vos yeux aborder,
Puisque le Soleil et la Lune
Ont coustume de s'accorder.

Nous ferons la nuit et le jour,
Quoyque l'on dise que l'Amour
Ayt icy perdu ses sagettes ;
Car si l'on fait cas des escus,
Nous avons dedans nos bougettes
De quoy faire bien des cocus.

FIN

BALLET

DE

MONSEIGNEUR LE PRINCE

dansé à Bourges, le dimanche 5ᵉ decembre
mil six cent vingt-un (¹)

---

(1) *Bourges, par Maurice Levez, imprimeur juré de la ville*, 1621, petit in-8 de 11 feuill. non chiff., imprimés seulement au recto de la page.

BALLET

DE

MONSEIGNEUR LE PRINCE

POUR MONSEIGNEUR LE PRINCE

REPRESENTANT UN FOL FRANÇOIS. AUX DAMES

Beaux objets, qui voyez quelle est ma folle humeur,
 Permettez qu'elle ait son passage :
Peut estre que vostre œil dont l'attrait est charmeur
 En un moment me rendra sage.
Celuy qui fait le sage et ne l'est en effect,
De tous les fols du monde est le fol plus parfait.

POUR LE SIEUR DE SALVERT

REPRESENTANT UN FOL FLAMENT. AUX DAMES

En posture de fol, qui n'est que trop vulgaire,
Ce Flament sans raison se vient offrir à vous :
Il est vray, c'est fort peu de commander aux foux;
Mais quand il vous plaira, vos beaux yeux peuvent faire
Qu'il deviendra fort sage et propre pour servir
 Leurs attraitz qui l'ont sçeu ravir.

POUR MONSIEUR FOURNIER

REPRESENTANT UN FOL INDIEN, AUX DAMES

Encore que le jus des herbes de l'Indie
Aye affermy le cours de ceste maladie
Qui rend cent fois le jour tous mes sens alterez,
Vostre œil me peut remettre en ma premiere essence
Et rendre à mes esprits dès longtemps esgarez
    L'usage de leur cognoissance.

POUR MONSIEUR LE PREVOST BIGOT

REPRESENTANT UN FOL ANGLOIS

Cet Anglois qui vient devers vous,
De geste fol et de posture,
Bien souvent est à deux genoux,
Sage artisan de la nature.

Il est vaillant, il est hardy,
Parfois un petit temeraire ;
Mais enfin tout ce qu'on en dy
Est le moins de ce qu'il sçait faire.

POUR MONSIEUR DOUET

REPRESENTANT UN FOL POLLONOIS. AUX DAMES

Le froid qui regne en la Pologne
Bien loin de mes membres s'esloigne,

Depuis que je vous rends des vœux :
Faites-moi le bien de le croire,
Ou touchez mon tuyau d'ivoire :
Par là s'exhalent tous mes feux.

POUR MONSIEUR DE MONSOULEINS

REPRESENTANT UN FOL ALLEMAND

Belles, quelle metamorphose !
Devant que d'entrer en ce lieu,
J'aimois le vin sur toute chose,
Une saucisse estoit mon Dieu ;
J'estois plus fier d'une marotte
Qu'un Roy d'un sceptre en sa main,
Et vivant à la huguenotte,
Je ne songeois au lendemain;
Mais vostre œil dont je ne puis taire
Le pouvoir assez recogneu,
A faict, par un secret mistere,
Que je suis sage devenu.
Je change aussi le soin de boire,
Des cervelatz et des pastez,
En celuy qui forme ma gloire :
C'est de servir à vos beautez.

POUR LE SIEUR DE LA GRIGOSSENE

REPRESENTANT UN FOL SUISSE. AUX DAMES

Peut-estre en voyant ma braguette,
Celles qui me vont captivant

La prendront pour une moquette
Ou quelque estuy remply de vent.
Mais si quelqu'une s'avanture
D'en essayer la verité,
Que de profit à la nature,
Que d'accroist à l'humanité !

POUR MONSIEUR DU FAU

REPRESENTANT UN FOL ESCOSSOIS. AUX DAMES

La France en quelque sorte à l'Escosse s'allie.
Au moins elle produit un grand nombre de fous.
N'est-ce pas estre atteint d'une grande folie,
De se faire cocus et se montrer jaloux ?

POUR MONSIEUR CHARLEMAIGNE

REPRESENTANT UN FOL TURC. AUX DAMES

Ce Turc que vous voyez paroistre devant vous
Est fol, mais non pas tant qu'il faille qu'on l'abhorre;
Il met quand il luy plaist sur le front des jaloux
    Le Croissant qu'il adore.

RECIT D'APOLLON, POUR LE GRAND BALLET

A MADAME LA PRINCESSE ET AUX DAMES

Princesse, qui sçavez d'un attrait adorable
Enchaisner mille cœurs pour vous de zele ardents,

C'est vous qui, par un charme en vertus admirable,
Rendez sages ces Fous qui vous vont regardans.

Et vous, objectz divins qui voyez ces merveilles,
Admirez de vos yeux le cherissable effect :
Le bruit de vos beautez, en frappant leurs oreilles,
A remis leur esprit en son estre parfait.

Aussi vous offrent-ils de justes sacrifices
Pour avoir de vos mains receu la guarison,
Et s'il vous plaist d'user de leurs petits services,
Vous serez de leurs cœurs l'eternelle prison.

FIN

SUJET

DU

BALLET DU ROY

fait en la salle du Petit Bourbon, ce 18 fevrier
1621 (¹)

(1) *A Paris, chez Nicolas Rousset, en l'isle du Palais vis-à-vis les Augustins*, 1621, in-8 de 6 pages.

SUJET DU BALLET DU ROY

Apollon, pour une infinité de belles actions qu'il fit jadis au monde, y fut plus honoré que le reste des hommes ; on luy dressa plusieurs Temples, le plus celebre desquels fut celuy de Delphes, où l'on venoit de toutes parts consulter les oracles que la Pythie, sa Prestresse, rendoit sur un trepied d'or. Les trois Syrenes, jadis converties en rochers, qu'Amphion, fils d'Apollon, attire après soy, descouvrent l'histoire de ce trepied. C'estoit un siege à trois pieds que les pescheurs de l'isle de Co, tirerent de la mer Ægée dans un filet, en presence de quelques passagers Milesiens, et des soldats insulaires. Après l'avoir longtemps disputé et se l'estre ravy plusieurs fois les uns aux autres, enfin les soldats en estant demeurés les maistres, le porterent au Temple de Delphes, où la grande Prestresse d'Apollon predisoit l'avenir, avec des paroles pleines d'obscurité. En ce temps, il y avoit en Delphes deux voleurs, l'un nommé Phorbas et l'autre Tiphen, qui combattoient la pluspart de ceux qui venoient pour consulter l'oracle. Appollon, irrité contre eux pour le premier, se deguisa en champion, et accompagné de deux des siens, les tua à coups de traits ou de manoples, de sorte que l'accès du Temple estant après leur liberté, et la grande Prestresse plus inspirée, les Phœbades y furent en plus grand nombre, et toutes en furie, elles rendirent des responses plus facilement. Pollux et Castor, freres d'Apollon, y paroissoient souvent lorsqu'ils vouloient presager quelque bonheur, et des gens de toutes sortes de professions y venoient apprendre l'art de deviner. Apollon, non content de purger la terre de voleurs, et d'inspirer les Prophetes, guerissoit toutes les infirmités par son fils Esculape, Dieu de la Medecine, de sorte que la Santé, la Disposition et la Jeunesse, filles d'Esculape, luy furent consacrées. Il acquit une telle gloire pour ses bons deportemens que les plus celebres esprits de son temps chanterent ses loüanges, et pour les bienfaits qu'ils en recevoient, ne despendoient plus que de luy. Ce qui fut cause qu'on luy dedia la Poesie, les Poetes, la Musique, les Muses et le Mont Parnasse. Mais s'il estoit le sujet des exercices d'esprit, il faisoit ceux du corps de si bonne grâce, et principalement celuy de tirer du dard et des flesches, qu'on luy consacra l'un et l'autre. Il fit paroistre principalement ceste adresse quand il tua le serpent Python, à coups de traits auprès du Mont Parnasse. Or, pour recognoistre un si grand bien, on institua en son honneur les jeux Pythiens, auxquels Palastre presidoit; on y sonnoit des hauts-bois. Les juges Hellanodiques y venoient les premiers pour donner les couronnes à ceux qui les avoient meritées aux exercices qu'on y faisoit, qui estoient cinq : la course, le saut, le disque, ou jet de pierre, le cœste, ou combat aux manoples, et la lutte. Les Lapithes, neveux et descendans d'Apollon, venus du premier Lapithe, son fils, par ses jeux en firent depuis fort souvent celebrer la memoire, et continuant les services de leur predecesseur, en l'Estat de Thessalie, ils deffirent les Centaures qui se rebelloient contre leur Roy, en amenant les chefs captifs, que les Genies du lieu conduisent attachés à un Geant enchaisné. Pour tant d'actions illustres, Apollon fut reputé Dieu, et tenu pour le Soleil dont nous representerons les effets en l'autre partie, qui fera le sujet du Ballet de la Reyne, auquel nous remettons ce qui manque à la fable de ce faux Dieu. Cependant pour les quatre professions qu'on luy donne : de predire, de guerir, de chanter et de tirer, vous remarquerez autant de scenes aux changemens du theâtre.

VERS

DU

BALLET DE L'HEURE DE TEMPS

VERS 1622 (¹)

---

(1) Sans nom de libraire et sans date (vers 1622), in-8.

VERS

DU

BALLET DE L'HEURE DE TEMPS

RECIT AUX DAMES

Beautés qui nous donnez le jour,
Qui estes aux yeux de l'Amour
Plus brillant que ceux de sa mere,
Nous presentons à vos appas
Une nouveauté qui n'est pas
Moins chymere que la Chymere.

Pas un de nous ne sçait danser ;
Nos pas se font sans y penser,
Nous marchons tous à l'advanture,
Comme gens qui n'ont point appris ;
Partout nous nous trouvons surpris,
Hormis au Ballet de nature.

Sans pas, mesure, ny dessein,
Les pieds croisés, les bras au sein,
Sans ordre, discours, ny cadence,

Par un bizarre passe-temps,
Nous vous dansons l'heure de temps,
Elle qui tous les jours nous danse.

LE BOURGEOIS DOMICILIÉ

Dans l'aymable et doux passe-temps
Qui desgoute estant ordinaire,
Je ne puis pas vous satisfaire
Si vous voulez l'heure de temps.

Je n'ay qu'un quart d'heure de bon,
Un coup ou deux dedans le ventre,
Et n'entends pas comme on y entre
Que l'on sorte de ma maison.

LA DAME DU LOGIS QUI ENVOIE PRIER SES VOISINS

Sous pretexte d'un petit jeu,
A quoy sert cela de le feindre ?
Je vous prie, c'est pour esteindre
L'ardeur extresme de mon feu.

LE LAQUAIS QUI VA HEURTER AUX PORTES

Garny d'un gros bout de flambeau,
Portant sur moy le feu et l'eau,
Belles, si je n'ay rien gagné,

Si est-ce que dans mon malheur
Je puis me vanter de cet heur
Pour le moins que j'ai bien cogné.

L'ESPAGNOL (*à la Dame françoise*)

Nous sommes tous deux en tourment,
Quoy que ce soit differemment :
Me voyant, le cœur vous soulève ;
Mais moy, ma fraise et mon chapeau,
Mon espée avec mon manteau,
Enfin, vous voyant, tout me leve.

LA PRIME

Je suis la Royne entre les jeux,
Dans les cœurs versant mille feux,
Si doucement on ne me touche,
On ne me fait jamais venir ;
Belles, aussi pour vous tenir,
Comme moy, il faut qu'on vous couche.

LE PICQUET

Beautés qui recevez mes vœux,
Pour qui tousjours mon cœur soupire,
Sur moy cessera vostre empire
Si nous joüons deux à deux.

L'HOMME

Beautés, vaincu de vos appas,
Amour qui guide icy mes pas,
Par vos mains m'offre des couronnes ;
Vous en avez beaucoup icy
Qui pretendent de l'estre aussi,
Mais ils sont bestes et moy l'homme.

LE CORNET DU TRICQUETTRACQ

J'advoüe que je suis vaincu,
Rencontrant icy tant de charmes ;
Mais pour ne rendre pas les armes,
On branle et je remuë le cul.

LE REGODILLON

Parce qu'un samedy matin
Je fais manger à un festin
Pastés, au lieu d'huistres à l'escalle,
Belles, vous me venez chercher
Afin qu'au peché de la chair
Vous puissiez tomber sans scandalle.

L'YVRONGNE

On dit qui est bien qu'il s'y tienne,
Sous le vin je vais succomber ;

Mais je ne puis que bien tomber,
Puisqu'il faut que l'on me soustienne.

JULIEN ET JULIENNE

Donnez-nous un peu de soustien,
Si vous estes d'humeur chrestienne ;
Vous estes icy bien des Juliennes,
Nous vous amenons un Julien.

FIN

LE MAGNIFIQUE ET ROYAL BALLET

dansé à Lyon en presence des deux Reynes
sous le nom de

L'AURORE ET CÉPHALE

1622 (1)

---

(1) *Paris, Jean Martin,* 1622, in-8 de 15 pages.

L'AURORE ET CEPHALE

LA NUICT

A LA REYNE

Soleil de la terre et des Cieux,
Grande Reyne, de qui les yeux
Penetrent les plus noires ombres,
Chassez-vous mon obscurité,
Afin que mes tenebres sombres
Ne cachent plus vostre beauté?

Aussi tost que vous paroissez,
Mes nuages sont effacez
Par un tel excez de lumiere,
Qu'il monstre en nous esblouïssant
Que le Soleil, en sa carriere,
N'a jamais esté si puissant.

Astre, qui reluisez partout,
Et qui de l'un à l'autre bout
Faites sentir vostre influence,
Commandez à vostre reveil
De permettre que mon silence
Redonne au monde le sommeil.

LES SPECTRES

A LA REYNE

Quelle merveilleuse puissance,
Fille de la Divinité,
Faict ressentir sa violence
Au sejour de l'obscurité,
Et trouble le repos des nocturnes Esprits,
Des flâmes de l'Amour nouvellement espris ?

Jamais en nos retraites sombres,
Lieu du silence et du sommeil,
L'Amour n'a fait la guerre aux ombres
Avec un empire pareil ;
Mais une autre beauté plus puissante reluit,
Qui captive nos cœurs dans l'obscur de la nuict.

Reyne des beautés la premiere
Que vostre œil nous a bien faict voir,
En ravissant par sa lumiere,
Qu'il enchaisne par son pouvoir,
Et que le monde doit estre tout à la fois,
Et ravi par vos yeux, et regi par vos loys.

L'AURORE

A CEPHALE

Beau Cephale, où est-tu ? Que ta fâcheuse absence
    Afflige mon amour.

Ne veux-tu pas souffrir que la tienne commence
    Aussi tost que le jour ?

Je dore mes rayons, j'advance ma carriere
    Seulement pour te voir ;
Mais je recognois bien que plus j'ai de lumiere,
    Moins j'en ay le pouvoir.

Car tu suis, insensé, dans le fort de l'ombrage,
    La biche qui te fuit,
Et tu fuis, insensible à l'amoureux servage,
    L'Aurore qui te suit.

La rosée et mes pleurs qui temperent la flâme,
    Messagere du jour,
Faisant naistre les fleurs, font mourir en ton âme
    Les roses de l'amour.

L'insensible durté qui te rend si farouche
    Aux charmes de ma voix,
Faict que tu vas croissant encore d'une souche
    Les souches de ce bois.

Pour suivre pas à pas ta course vagabonde,
    Je quitteray les Cieux ;..
Si tu veux que mon feu donne le jour au monde,
    Redonne moy tes yeux.

L'AURORE

A LA REYNE

Grande Reyne, divin soleil,
Qui par un esclat nonpareil

Ravissez les cœurs et les âmes,
Je descends du plus haut des Cieux,
Non pour m'esgaler à vos flâmes :
Mais pour rendre hommage à vos yeux.

Je n'ose plus, avec raison,
Paroistre dessus l'orizon ;
Car vos beautez me font la guerre,
Pour me faire voir en tous lieux,
Que la lumiere de la terre
Surpasse celle-là des Cieux.

Le Soleil mesme, pastissant
De voir un esclat si puissant,
N'ose commencer sa carriere,
Et sa plus brillante clarté
N'a rien d'esgal à la lumiere
Qu'on voist en vostre Majesté.

Ses rayons, si beaux et si si doux,
Ont rendu les astres jaloux
De vostre feu qui les surmonte ;
Car vostre clarté s'allumant,
Faict aussi tost cacher de honte
Les Estoiles du firmament.

Qui n'admirera vos rayons,
Dans l'esclat desquels nous voyons
Une merveille sans seconde ?
Mais la gloire est duë à vos yeux,
De donner deux soleils au monde
Qui n'en vid jamais qu'un aux Cieux.

Donnez-moy, grande Deité,
Qui remplissez tout de clarté,

Un rayon de vostre lumiere :
Et lors mon astre s'eslevant
Comme une Estoile matiniere,
Annoncera vostre levant.

LES NYMPHES DU JOUR

A LA REYNE

Royale Majesté, lumiere sans seconde,
Qui rendez l'Orient de la France envieux,
Pour suivre deux soleils que vous donnez au monde,
Nous quittons le Soleil que luy donnent les Cieux.

Lors qu'il a veu vos yeux sur l'orizon paroistre,
Et le jour redonné par deux astres si beaux,
Si son ambition l'incite de renaistre,
Sa honte incontinent le cache sous les eaux.

Vostre douce clarté, leur divine influence,
Faict paroistre à nos yeux un si aymable jour,
Que vos mesmes rayons ont aussi la puissance
D'allumer en nos cœurs les flâmes de l'amour.

Soleils qui regissez l'empire de nos âmes,
Et à qui les mortels adressent tous leurs vœux,
Si vous ne temperez la force de vos flâmes,
Vous perdez l'Univers par l'esclat de vos feux.

L'AMOUR

Nymphes, les plus belles du jour,
Qui combattez contre l'Amour

Par une vayne resistance :
Je viens monstrer à vos beautez
Que rien n'esgale la puissance
Qu'a l'Amour sur les volontez.

Le Soleil que vous adorez
Parmy des rayons si dorez,
N'a rien de pareil à mes flâmes :
Car sans qu'on le puisse guerir,
je brusle les cœurs et les âmes
D'un feu qui fait vivre et mourir.

Mais paroissant devant vos yeux,
Reyne, la merveille des Cieux,
Je perds moi-mesme la franchise,
Et ne vois pas en ce sejour
Tant de belles âmes esprises
D'autre feu que de vostre amour.

CEPHALE ET LES CHASSEURS

A LA REYNE

La solitude de ces bois
Où nostre liberté respire,
Faict que nous ignorons les loix
De l'Amour et de son empire :
Aussi nos desirs innocents
Parmy les charmes ravissants
De nos bocageres delices,
Ne se voyent jamais troublez
Par les rigueurs et les supplices
De mille soupirs redoublez.

En cet agreable sejour
Dont la titulaire puissance
N'a permis encore à l'Amour
D'y exercer sa violence :
Jamais d'une ingrate beauté
Nous ne pleurons la cruauté
Qui bourrelle une ame asservie :
Mais tousjours le desir nous poinct
Au doux estat de nostre vie,
Non d'aymer, mais de n'aymer point.

Nos cœurs dans le contentement
De ceste aimable solitude,
Ne ressentent point le tourment
De l'amoureuse inquietude.
A poursuivre jusque aux abois
Le cerf relancé dans les bois,
Nostre plus doux aage se passe,
Faisant gouster à nos esprits
L'extresme plaisir d'une chasse,
Où nous prenons sans estre pris.

Qui peut que vostre Majesté,
Reyne du monde la merveille,
Captiver nostre volonté
Par une force sans pareille ?
Ce front, dont la Divinité
N'a point de pouvoir limité,
Ravit si bien nostre courage,
Qu'il s'estimera glorieux
De mourir au mesme servage
Dans lequel vivent tous les Dieux.

L'AMOUR

Vous que le plaisir de la chasse
Rend insensibles à l'Amour,
Et qui faites cent fois le jour
Mourir son feu dans vostre glace,
Pourquoy pensez-vous que les bois
Exemptent vos cœurs de ses lois ?

Parmy l'horreur et le silence
De vos ombrages escartez,
Les plus agreables beautez
N'adorent rien que la puissance
De l'Amour qui grave ses lois
Dedans l'escorce de vos bois.

Reyne des cœurs et des pensées,
Qui peut mieux dompter leurs esprits
Que vos beautez qui ont espris
Les âmes les plus insensées,
Et qui captivent soubs leurs loyx
Le plus grand Roy de tous les Roys ?

Le Ciel dont la faveur ordonne
Que l'on adore vos beautez,
Pour commander aux volontez
Ceint vostre front d'une couronne;
Mais vos yeux des âmes vainqueurs
Vous donnent l'Empire des cœurs.

LES BERGERES ET BERGERS

A LA REYNE

Amour domptant nostre courage
Contre ses charmes revolté,
Pour mettre nos cœurs en servage,
A mis nos corps en liberté.

Il nous deffend d'estre legeres,
Et pour ne jamais plus changer,
De Nymphes il nous rend Bergeres,
De chasseur fidelle Berger.

Car bien qu'il ne donne à nos flâmes
Une heure de soulagement :
Il faict esperer à nos âmes
Un siecle de contentement.

Sa force puissante et divine
Nous faict cueillir en ce sejour
Des roses qui n'ont point d'espines,
Qui sont les roses de l'Amour.

Mais il faut que tant de delices
Cedent à l'honneur de vous voir,
Puisqu'Amour et ses artifices
N'esgalent pas vostre pouvoir.

Aussi vostre douce presence
Nous a faict sortir de nos bois,
Pour temoigner l'obeïssance
Que nos cœurs rendent à vos lois.

FIN.

BALLET

DE

MONSEIGNEUR LE PRINCE

dansé au Louvre, le jour du Carnaval de la presente année 1622

———

Sans nom, in-8.

BALLET

DE

MONSEIGNEUR LE PRINCE

RECIT DE LA FOLIE PAR LE BAILLY

LA FOLIE

L'excez d'un amoureux martyre
   Nous fait devenir foux;
Mais ceux que nos gestes font rire
   Le sont autant que nous.

Beautés, qui surpassez l'Aurore,
   Dès l'heure qu'un amant
Dit qu'il brusle et qu'il vous adore,
   Il perd le jugement.

Les cris, les soupirs et les larmes,
   Sont fruict de vos appas:
Ce seroit offencer vos charmes
   Que de n'enrager pas.

LES RENOMMÉES

Nous sommes de parfaicts amants,
Qui cherchons nos contentements
Dedans nostre humeur insensée,
Et qui faisons profession
D'abandonner nostre pensée
Au gré de nostre passion.

Lassés de gloire et de valeur,
Nous evitons comme un malheur
La memoire de nos faits d'armes :
Et trouvant le sang odieux,
Nos cœurs font avecques nos larmes
Des sacrifices à vos yeux.

Que l'Ocean vienne à tarir,
Que les Cieux viennent à perir,
Que le Soleil cesse de luire :
L'astre qui nous rend amoureux,
Malgré tout ce qui nous peut nuire,
Nous rendra tousjours bien heureux.

Nous n'escoutons point la raison,
Qui presche contre le poison
De l'amoureuse frenesie :
Et voulons en depit du sort,
Choisir à nostre fantaisie
Et nostre vie, et nostre mort.

POUR LE ROY

Prince, le plus heureux des Rois,
Si vous n'aviez dessoubs vos loix
Que ceux où la sagesse abonde,
Le plus petit Prince de tous,
Et le moindre seigneur du monde,
Auroit plus de sujets que vous.

POUR LA ROYNE

Royne des hommes et des Dieux,
Les amans les plus furieux,
En vostre presence divine,
Ont rencontré leur guarison;
Leur amour se met en ruine,
Et leur folie à la raison.

LES RENOMMÉES AU ROY

PREMIERE RENOMMÉE

Depuis que l'œil du jour fut sorti du chaos,
Et que l'âme du Ciel voulut mettre en repos
Les elemens confus qui se faisoient la guerre,
J'ai pris garde aux beautés qu'elle a voulu former,
Et n'ai veu dans le Ciel, non plus que sur la terre,
Rien d'esgal aux beaux yeux qui t'ont forcé d'aimer.

SECONDE RENOMMÉE

J'ai veu naistre l'Aurore au bord de l'Orient,
Et le More à genoux admirer en priant
    Une si belle flâme.
J'ai veu l'or et l'azur, qui brille en ses cheveux,
    Mais depuis que j'ai veu ta Dame,
Je crois que l'Aube a tort de recevoir des vœux.

TROISIESME RENOMMÉE

J'ai veu brusler Paris du feu qui brusla Troye,
    J'ai veu la beauté qu'il aima,
    Et confesse qu'il s'anima
Du dessein d'acquerir une assez belle proie.
Je vis quand Jupiter, pressé de ce tourment,
Pour monstrer ce que peut sa douce tyrannie,
Fendit en mugissant les flots de Sidonie,
Soubs le joug des beaux yeux qui l'avoient fait amant;
    Mais ni les hommes, ni les Dieux,
    Ne m'ont point fait cognoistre encore
    Une beauté qui vaille mieux
    Que celle que ton âme adore.

QUATRIESME RENOMMÉE

Depuis que ma trompette esclatte en l'Univers,
Que j'ay veu des climats si grands et si divers,
Tant de cieux incogneus et de terres nouvelles,
Avant que ton Empire eust arresté mes yeux,
Je me vantois à tort d'avoir porté mes aisles
Dans l'habitation où demeurent les Dieux.

LA FOLIE AUX COURTISANS

Esclaves malheureux d'une loi trop commune,
Qui donnez vostre vie au soin de la fortune,
Escoutez un conseil que je ne puis celer :
Jettez-moi tous vos biens dans l'amoureuse flâme,
Et laissez desormais vostre corps et vostre âme,
Au gré de la beauté qui les voudra brusler.

Eslevant vers le Ciel vos yeux et vos pensées,
Gardez-vous bien de croire, ô troupes insensées,
Que le feu du Soleil nous donne la clarté ;
Ne faites point ce tort aux yeux qui vous captivent,
Et croyez que vos corps ne meurent et ne vivent
Que par les doux regards que lance une beauté.

MONSEIGNEUR LE PRINCE

REPRESENTANT LA FOLLE MOUTONNE

Loin de moi, sagesse importune,
Vaine apparence, erreur commune,
Source de tout aveuglement ;
Je veux, soubs l'habit d'une folle,
Vous envoier tous à l'escole :
Moins j'ai de vanité, plus j'ai de jugement.

Chacun m'appelle la Moutonne,
C'est que mon humeur est trop bonne,

J'abhorre la severité ;
Toutesfois que nul ne m'offence,
Car alors je pers patience,
Et pers en la perdant ceux qui m'ont irrité.

MONSIEUR LE DUC D'ALVIN

REPRESENTANT LE PERSONNAGE DU MORE

Proche de l'astre qui m'esclaire,
Je deviens insensiblement
Dessoubz ce faux habillement,
Ce que je voulois contrefaire.

Esclave du fils de l'Aurore,
Suis-je pas bien semblable à toy ?
Un Soleil m'a donné la loy,
Son feu me brusle et je l'adore.

Il doibt bien preferer ma flâme
A celle des autres mortels :
Car je l'apporte à ses autels,
Pour y faire brusler mon âme.

Considerez que mon courage
Ne peut rien endurer de feint,
Puisque mon masque mesme est peint
De la couleur de mon visage.

MONSIEUR DE BLAINVILLE

REPRESENTANT UN PAYSAN

Soubs ce vestement paysan,
Brusle l'âme d'un courtisan
Pour une beauté qu'il adore;
Puisque je cherche à me brusler,
Croyez-vous qu'il me reste encore
Quelque soucy de m'habiller?

MONSIEUR DE BLAINVILLE

REPRESENTANT UN PAYSAN

L'extravagance qui m'emporte
M'a fait vestir de cette sorte,
Et composer ainsi mes pas :
Je suis jour et nuit à la gehenne,
Mais qu'on ne s'imagine pas
Que ceste folle soit ma peine.

Helas! c'est pour l'amour de vous
Que je me range entre les fous,
Caliste, objet de ma pensée,
Afin de vous mieux figurer
La fureur d'amour insensée
Que je n'ose vous declarer.

MONSIEUR LE CHEVALIER DE SOUVRÉ

REPRESENTANT LA MARTINGALE

Qui dedans ceste Cour royalle
Peut fuir l'amoureux destin,
Si mesme le Turc Augustin
Est espris de la Martingale ?

MONSIEUR DOCTO

REPRESENTANT LE TURC AUGUSTIN A SA DAME

Le feu d'amour brusle mon âme
Par les yeux divins d'une Dame.
Il faut que je soys bien discret,
Puisque mon cœur brusle en secret.
Si celle pour qui je souspire
Y a tant seulement pensé,
Je fais gloire de mon martyre,
Car je suis bien recompensé.

AUTRE

Je nasquis infidelle, et d'une nation
Que mesme la Scithie en cruautez n'esgale ;
Mais je ne sçay comment les yeux de Martingale
M'ont faict estre fidelle, et plein de passion.

MONSIEUR DE SURVILLE

REPRESENTANT LE BIARNOIS

Je hay celuy comme heretique,
Qui ne croit pas absolument
Que l'amoureux ressentiment
M'a fait devenir frenetique ;
Je m'extravague nuict et jour ;
Le feu cruel de mon amour
Me faict une eternelle guerre ;
Mais je me trouve consolé
De voir que je me suis bruslé
Des deux plus beaux yeux de la terre.

LE BARON DE REVILLON

REPRESENTANT L'AVEUGLE DE LA COUR, A UNE DAME

Cloris, depuis que je suis vostre,
J'ai perdu la clarté du jour ;
Mais je suis conduit par l'Amour,
Car un aveugle en meine un autre.

AUTRE

Je n'ay plus ni sens ni clarté,
Depuis que j'ay veu ta beauté,
Soleil unique de mon âme,
Que mon malheur est non pareil.
Se peut-il bien que le Soleil
M'oste la veuë en me donnant sa flamme ?

MAISTRE GUILLAUME DU BOYS

Puisque tout change en l'Univers,
J'aime bien la metamorphose
Et deviens d'un faiseur de prose
Un effronté faiseur de vers
Pour avecques plus de science,
Vous dire que vous me devez,
Malgré la honte et l'innocence,
Accorder ce que vous sçavez !

AUTRE

Unique object de mon tourment,
Philis, que j'aime follement,
Depuis que ta beauté m'anime,
Et que je vis dans ta prison,
Se je me connoy mal en rime,
Je m'entends moins à la raison.

MONSIEUR GUILLEMIN

REPRESENTANT UNE FEMME AMOUREUSE DE TROIS AMANS

NYAIS

EPIGRAMME

Je laisse à part la gentillesse
Pour suivre ces simples amans,

De qui l'innocente jeunesse
Peut mieux alleger mes tourmens.
Je sçay bien que la renommée
Partout me rendra diffamée
De porter là ma passion ;
Mais mon honneur que je respecte
Me rend tout autre amour suspecte
De fraude ou d'indiscretion.

SIEUR DU VIVIER

REPRESENTANT UN JARDINIER

EPIGRAMME

Belles, dans vos jardins aymables,
L'on voit les fontaines jaillir :
Si vous les voulez embellir
De compartiments delectables,
Je vous promets qu'à deux genoux,
Encores que la main me tremble,
Si nous nous accordons ensemble,
J'employeray mes forces pour vous.
Ouy, marché faict, donnez des erres ;
J'iray tondre tous les matins
Les bordures de voz parterres
Consacrez au Dieu des jardins.

LES SIEURS DE BELLEVILLE, AMELOT ET CURLYS

REPRESENTANT TROIS FOUS NYAIS

AUX DAMES

Nous sommes des nyais amans,
Dont les mauvais entendemens
Approchent de l'instinct des bestes.
S'il vous plaist de nous secourir,
Nous vous laisserons voir des testes
Qui ne cherchent qu'à se guerir.

SIEUR DE BOISROBERT

REPRESENTANT LA DEMOISELLE DE LAVANDE

Soleil des cœurs ! ô miracle visible !
Je n'estois rien qu'une plante insensible
Avant que j'eusse esprouvé ton pouvoir ;
Mais aussi tost que j'ay connu ta flâme,
On m'a veu vivre, et sentir et mourir
Pour tes beaux yeux qui m'ont inspiré l'âme.

SIEUR DU PINSON

REPRESENTANT LE GENTILHOMME DE ROMARIN

Gelinde, je vous represente,
Et non pas moy, par ceste plante,

Qui jamais de l'hiver n'esprouve la rigueur;
Car en tout temps vous estes belle,
Et je ne vous vois pas moins insensible qu'elle
Aux tourmens que j'ai dans le cœur.

LE MAREST

REPRESENTANT LE MAISTRE DES FOUS

Si je suis le maistre des fous,
Tel passe pour sage entre vous
Qui me peut venir recognoistre,
Et plusieurs dedans ce Balet
Qui me prennent pour leur valet
Me peuvent avoüer pour leur maistre.

SIEUR MOREL

REPRESENTANT LA GAYETÉ

Je viens pour resveiller les fous
Qui se rencontrent parmy vous
Sujects à la melancolie;
J'ay l'art à la nature joint
Pour faire admirer ma folie
Qui fait rire et n'offence point.

FIN

VERS

POUR

LE BALLET DU ROY

REPRESENTANT

LES BACCHANALES

dansé par Sa Majesté au mois de fevrier 1623 (1)

---

(1) Par le sieur Bordier, ayant charge de la poesie près de Sa Majesté. *Paris, par Jean Sara, rue Saint-Jean-de-Beaurais, devant les Escholles de decret.* 1623, in-4 de 15 pages.

VERS

POUR

LE BALLET DU ROY

PREMIER RECIT DE BACCHUS LE DESBAUCHÉ

REPRESENTÉ PAR LE SIEUR MARAIS

    Vive la paix et ses delices;
Je ne cherche point les combats,
Qu'avec les flacons et saucisses,
Où mon cœur prend tous ses esbats.
       Ma gloire,
      C'est de boire.
   Lorsque je dors le mieux,
   Le bon vin me reveille,
     Et n'ay point d'yeux
  Que pour voir la bouteille.

Je n'espargne point force escus,
Pour faire baiser à des coupes
Ces damoiselles de Bacchus
Que l'on coiffe avec des estouppes.

Ma gloire,
C'est de boire.
Lorsque je dors le mieux,
Le bon vin me reveille,
Et n'ay point d'yeux
Que pour voir la bouteille.

Admirez ma bonne fortune :
Les Nymphes dont je fais le choix
Sont celles qui font sur la brune
Leur bute d'une escuelle de bois.
Ma gloire,
C'est de boire.
Lorsque je dors le mieux,
Le bon vin me reveille,
Et n'ay point d'yeux
Que pour voir la bouteille.

SECOND RECIT DE BACCHUS LE DESBAUCHÉ

ACCOMMODÉ A L'AIR QUI ESTOIT FAICT

Que ce vin nouveau
Fait de grands miracles;
Je sens mon cerveau
Tout remply d'oracles;
Que j'ay de pouvoir,
Je suis en fortune,
Le vin me fait voir
Deux choses pour une.

Je sens un tison
Caché sous ma robe,
Je perds la raison,
Qui me la desrobe ?
Remettons au jeu,
Chargeons la nacelle,
Pour boire trop peu,
Le corps me chancelle.

Vers pour le Roy et les Princes et Seigneurs qui ont dansé avec sa Majesté, selon l'ordre qui ensuit.

POUR LE ROY

REPRESENTANT UN TIREUR DE LAINE

Retournons au mestier, c'est trop repris haleine,
Et pourtant, compagnon, asseure le bourgeois,
S'il arrive jamais que je tire la laine,
Ce sera seulement sur l'espaule des Roys.

Courons sans perdre temps l'un et l'autre hemisphere,
Et lors face le Ciel ressusciter Jason,
Quelque vaillant qu'il soit, il aura fort à faire,
S'il peut de mes assauts deffendre la toison.

Ces Rodomonts de nuict de Calix et de Douvre
Donnent aux foibles gens ou le mal ou l'effroy ;
Mais de quelque support qu'un grand orgueil se couvre,
Pour le demanteler il faut parler à moy.

POUR MONSIEUR LE COMTE DE SOISSONS

REPRESENTANT UN TIREUR DE LAINE

L'espoir d'un infâme butin
Où me veut porter le destin
N'est point l'aise qui me chatoüille ;
Mon cœur de gloire revestu
Ne butte à rien qu'à la depouille
Des ennemis de la vertu.

POUR MONSIEUR LE PRINCE DE LORRAINE

REPRESENTANT UN COUREUR DE NUICT, AUX DAMES

Par vous, beaux astres de la Cour,
L'hyver est la saison nouvelle.
Dieux ! quels charmes n'a point le jour
En France où la nuict est si belle !

POUR MONSIEUR LE GRAND PRIEUR

REPRESENTANT UN COUREUR DE NUICT

Lorsque ma passion me guide,
Je vay la nuict plus que le jour ;
Mais tousjours le secret preside
Dans les effets de mon amour.

POUR MONSIEUR FRERE DU ROY

REPRESENTANT UN DONNEUR DE SERENADES, AUX REYNES

Ma gloire, ô celestes beautés,
C'est que la nuict à mes costés
J'ay la deesse Harmonie,
Dont la douce tyrannie
Faict que je tire un soleil
D'entre les bras du sommeil.

POUR MONSIEUR LE DUC DE LONGUEVILLE

REPRESENTANT UN DONNEUR DE SERENADES

Philis, c'est temps perdu, l'Amour qui me conduit
Ne te fait pas ouyr une lyre importune.
Mais dans l'obscurité des ombres de la nuict,
Trouveray-je le jour de ma bonne fortune ?

POUR MONSIEUR LE DUC D'ELBEUF

REPRESENTANT UN DONNEUR DE SERENADES

Que me sert, ô Cloris, que les sons de ma lyre
Reveillent tes beaux yeux qu'Amour me rend si chers,
Puis que ton cœur se rit au fort de mon martyre
De voir qu'au lieu de luy j'attire des rochers !

POUR MONSIEUR LE DUC DE CHEVREUSE

REPRESENTANT UN AMOUREUX

Mortels, à qui l'Amour fait sentir ses espines,
Avec estonnement jettez sur moy les yeux,
Toute la terre sçait que les beautez divines
Ont pour l'amour de moy souvent quitté les Cieux.

POUR MONSIEUR LE DUC DE LUXEMBOURG

REPRESENTANT UN AMOUREUX

S'il se faisoit, Caliste, un Roy des amoureux,
On me verroit le front paré d'un diadesme ;
Bien que ta cruauté me rende malheureux,
J'ay pourtant plus d'amour que n'en a l'Amour mesme

POUR MONSIEUR LE MARESCHAL DE CREQUY

REPRESENTANT UN AMOUREUX

Beauté, qui me fay souspirer,
Peux-tu plus longtemps differer
De mettre fin à mes desastres ?
Parmy les amans glorieux
Je suis ce que parmy les Astres
Le Soleil est dedans les Cieux.

POUR MONSIEUR LE MARECHAL DE BASSOMPIERRE

REPRESENTANT UN AMOUREUX

Quelques assauts que le sort
Me livre jusqu'à la mort,
J'en obtiendray la victoire.
Le plus rigoureux tourment
Ne me peut oster la gloire
D'aymer eternellement.

POUR MONSIEUR LE MARQUIS DE COURTENVAULT

REPRESENTANT UN AMOUREUX

Amoureux que je suis, après tant de langueur
Le sort me promet bien une plus douce vie;
Mais que puis-je esperer? Un monstre de rigueur
Garde ce cher tresor dans le sein de Silvie.

POUR MONSIEUR LE DUC DE MONTMORENCY

REPRESENTANT UN FAISEUR DE MASCARADES

Après avoir quitté le casque,
La paix me fait prendre le masque
Que l'Amour me fait rechercher.
Cloris, ne m'en donne aucun blasme,
Ce voile ne peut t'empecher
De voir les secrets de mon âme.

POUR MONSIEUR DE BLAINVILLE

REPRESENTANT UN FAISEUR DE MASCARADES

Mon sort, desguisé que je suis,
Peint la joye où sont mes ennuis,
Mon œil rit lorsque mon cœur pleure,
O cruauté, puisqu'à toute heure
Pour les mysteres de l'Amour
Il se faut masquer à la Cour.

POUR MONSIEUR DE CHALLAIS

REPRESENTANT UN FAISEUR DE MASCARADES

Si la souplesse des postures
Mettoit les sceptres dans la main,
J'esgalerois mes advantures
Au sort de l'empire romain.

POUR MONSIEUR DE LIANCOURT

REPRESENTANT UN FAISEUR DE MASCARADES

Ne blasmez point, esprits volages,
L'exercice où je me suis mis.
Bien que je porte deux visages,
Je n'en ai qu'un pour mes amis.

POUR MONSIEUR DE LA VALETTE

REPRESENTANT UN CAVALIER DESBAUCHÉ

Dans la pompe sont mes plaisirs,
La danse anime mes desirs,
Le demon du jeu me conserve,
Il a pouvoir de m'enflammer ;
Mais un Soleil tient en reserve
Le feu qui me doit consumer.

POUR MONSIEUR DE LA ROCHE-GUYON

REPRESENTANT UN BOURGEOIS DESBAUCHÉ

Je n'ay rien dont l'Amour et Bacchus ne dispose,
Le jeu fait que ma bourse a le cul renversé ;
Y chercher un tresor, c'est une mesme chose
Que de chercher de l'eau dans un pannier persé.

VERS DES SACRIFICATEURS DE BACCHUS

Quittez ceste place sacrée
  Où la vertu se recrée.
Loin prophanes, loin d'icy,
  Le Ciel le veut ainsi.

La flamme de nos sacrifices
  Ne vit point où sont les vices.
Loin prophanes, loin d'icy,
  Le Ciel le veut ainsi.

VERS CHANTÉS PAR LES ESCLAVES DE BAC-
CHUS TRIOMPHANT

Quel sort, merveilles de la terre,
Nous conduit en ce beau sejour,
Captifs par fortune de guerre,
Pour nous rendre esclaves d'Amour ?

REFREIN DE BACCHUS

QUI SERT POUR TOUS LES COUPLETS

Loin ces lances et ces escus,
Acquis par ma dextre aguerrie ;
Icy les vainqueurs sont vaincus
Par les yeux d'Anne et de Marie.

LES ESCLAVES

En la perte de la victoire
La douleur nous a transportés ;
Mais nostre honte est nostre gloire,
Puisque Louis nous a domptés.

Que la terre ne s'en travaille,
Que le Ciel n'en soit point jaloux ;
Les Dieux, s'il leur donnoit bataille,
Seroient prisonniers comme nous.

Il a captivé la Fortune
Malgré la rage des Enfers,
Et mesme l'orgueil de Neptune
Reçoit ses chaisnes et ses fers.

Ce Mars nous a donné la vie
En nous ostant la liberté,
Qui toutes fois nous est ravie
Par la Deesse de Beauté.

VERS CHANTÉS PAR BACCHUS

ESTANT EN PRESENCE DES REYNES

Grandes Reynes, dont la victoire
N'a surmonté que des Cesars,
Ce char de triomphe et de gloire
Prend son lustre de vos regards.

REFREIN DES ESCLAVES

QUI SERT POUR TOUS LES COUPLETS

Que les Cieux nous sont favorables,
    Puis qu'ils nous ont offert
    Ces objets adorables
    Pour admirer nos fers.

BACCHUS

Aussi, je viens, chargé de palmes,
Porter l'hommage à vos beaux yeux,
Qui rendent toutes choses calmes
Hormis le cœur des plus grands Dieux.
Vous allez voir un Prince auguste
Qui mille travaux devorant,
En paix se fait voir aussi juste
Qu'il est en guerre conquerant.

FIN

VERS

POUR LE

BALLET DES BACCHANALES

1623 (¹)

---

(1) *De l'Imprimerie du Roy*, 1623, in-8. Il y a une autre édition sous ce titre: Ballet du Roy sur le Sujet des Bacchanalles, dansé au Louvre, le 26 fevrier. *Paris, René Giffart*, 1623, in-8 de 21 pages.

VERS

POUR LE

BALLET DES BACCHANALES

BACCHUS

Avant que je parusse au jour,
Encore le petit Amour
N'avoit pas le secret de bien charmer les âmes ;
Les hommes ny les Dieux n'aymoient que mollement
Et n'ont jamais appris que par moy seulement
Le vray mystere de ses flâmes.

Ceux dont j'anime les esprits
Ont moins d'amour que de mespris,
Pour toutes les grandeurs dont la fortune esclate ;
Rien, comme une beauté, ne touche leur desir,
Et vos seules faveurs sont l'unique plaisir
Dont leur esperance se flatte.

Je suis pere de la valeur,
Et pour grand que soit un malheur,
Que le destin propose aux plus cruelles guerres :
Ceux qui m'ont consulté sont exempts de la peur,
Et si pour toute force, ils n'ont qu'une vapeur,
Et ne sont armés que de verres.

Le pauvre le plus abattu,
Avec l'appuy de ma vertu,
Sur le front des ennuys fait esclater la joye :
Pour luy tous les graviers sont pleins de diamans,
Et dans le fil terny de ses vieux vestemens,
Il ne trouve qu'or et que soye.

Je suis le seul Dieu sans pareil
Qui fis voir aux yeux du Soleil
La nature impuissante à produire mon estre ;
Un si hardy dessein surmonta ses efforts,
Et le maistre des Dieux luy-mesme ouvrit son corps
Pour me faire achever de naistre

Semele en cet enfantement,
Endura sans estonnement
Que tout le feu du Ciel descendist sur la terre,
Et ses mânes contens se vantent aujourd'huy,
Qu'au moins de son amour elle brusla celuy
Qui la fist brusler du tonnerre.

THÉOPHILE.

AUTRES VERS POUR LE MESME SUJET

BACCHUS

Enfin mon bras victorieux
A couronné ma teste ;
Ceux qui m'estoient injurieux
Solennisent ma feste :
Tout m'obeit, mesme les immortels
Viennent reverer mes autels.

Mon thyrse orné de pampres verts,
  Qu'un lierre entrelace,
A fait trembler tout l'Univers
  De sa seule menace;
Il a flestri par ses exploits guerriers
  L'honneur des plus fameux lauriers.

L'Orient voit dessous mes lois
  Ses provinces regies,
Ses monts, ses fleuves et ses bois,
  Ont oüy mes orgies,
Et la terreur de mes fiers leopards
  S'est imprimée en toutes parts.

L'impieté ne produit plus,
  Contre moy de Panthée,
Tous mes ennemys sont perdus,
  Leur puissance est domptée :
Ces huict captifs dont je triomphe icy,
  A leur honte en parlent ainsi.

Le destin qui leur fit trouver
  Leur dommage en ma gloire,
Promet, quoiqu'il puisse arriver,
  D'en garder la memoire,
Et que le temps qui terminera tout,
  N'en pourra jamais voir le bout.

Mais, ô combien j'eusse couru
  D'infortunes diverses!
Que mon courage eust peu paru
  Parmi tant de traverses,
Si ces heros ne m'eussent assisté,
  Partout où je me suis porté.

Ce sont des Princes eslevés
 Au milieu de la guerre,
Tous ceux qui les ont esprouvés,
 Dorment dessous la terre ;
Mais l'un d'entre eux n'eut jamais de pareil
 En tout ce que voit le Soleil.

C'est ce Monarque redouté,
 Sous qui les Lys fleurissent,
C'est cette auguste Majesté,
 Que les astres cherissent,
Et quoyque Dieu, je confesse aujourd'huy
 De n'estre qu'homme au prix de luy.

O grande Reyne, à qui les Cieux
 Ont rendu tout possible,
Il perd seulement par vos yeux
 Le tiltre d'invincible,
Comme il s'acquit, pour eux se consumant,
 Le nom de juste en vous aymant.

Saint-Aman.

AUTRES VERS POUR LE MESME SUJET

BACCHUS

De tous les Dieux que les mortels adorent,
Je suis celuy dont les biens sont plus chers ;
Tous ces coteaux que mes pampres devorent
Seroient sans moy d'inutiles rochers,
Et sans le vin qui fait dormir leurs peines,
Ils languiroient sur le bord des fontaines.

La jeune ardeur qui fait aymer les armes
Procede bien des esprits genereux ;
Mais pour garder tousjours dans les alarmes
Le sang bouillant et les nerfs vigoureux,
Il faut de l'ayde afin que le cœur dure,
Et le bon vin soulage la nature.

Les amoureux au teint de jaune paille,
Les bras croisés, près des dames assis,
Sans mon ardeur ne disent rien qui vaille :
Le cœur leur tremble, ils sont demy-transis ;
Mais aussitost que le vin les inspire,
Les moins diserts font rage de bien dire.

L'amy du vin ne sçait point d'artifice
Pour decevoir après qu'il a promis ;
Dans ses humeurs il trouve ses delices,
Il vit sans peur, il n'a point d'ennemys ;
Contre ses gens seulement il a guerre,
S'il n'ont jetté toute l'eau de son verre.

Tous ces thresors que les hommes avares,
Malgré les mers qui les ont separés,
Vont picorant jusqu'aux Indes barbares,
Ces beaux lambris, ces grands planchers dorés,
Luy plaisent moins que l'ombre d'une treille,
Quand il s'endort auprès d'une bouteille.

J'ay traversé tout l'Empire des ondes,
Comme le fils du Monarque des Dieux ;
J'ay le premier cherché de nouveaux mondes,
Et triomphé premier victorieux :
Mais de passer sur tant d'eau sans en boire,
C'est où se met le comble de ma gloire.

DU VIVYER.

AUTRES VERS POUR LE MESME SUJET

BACCHUS

Les lauriers d'Apollon se confessant vaincus,
Font hommage eternel au pampre de Bacchus.
Contre son thyrse Amour met tous ses traits en poudre,
Plus puissant que sa mere, en ses moindres efforts,
Il dompte Jupiter et ceste mesme foudre,
Dont ce cruel amant luy consuma le corps.

Sa divine liqueur est un rare aliment,
Elle sert aux mortels d'un cinquiesme Element ;
Le Destin a voulu que toute âme s'y plaise,
Et le Soleil croiroit ses rayons bien plus beaux,
S'il pouvoit en son cours s'y plonger à son aise,
Au lieu de se coucher dans l'Empire des eaux.

Toutefois, si ce Dieu ne cherchoit les hazards,
Et n'estoit plus vaillant aux batailles de Mars,
Qu'il ne l'est en automne à celles de la table,
De celebres heros ne suivroient pas ses lois,
Et l'on s'estonneroit de l'accueil favorable
Qu'il reçoit de la Cour du plus sobre des Rois.

C'est luy qui, le premier, triompha des humains,
Et ceux dont il conduit le courage et les mains,
Instruits dans les banquets aux meurtres de la guerre,
Gardent aux grands perils, comme à table leur rang,
Et pensent voir du vin respandu sur la terre,
Quand ils voyent couler le meilleur de leur sang.

SOREL.

RECIT DES DEUX SACRIFICATEURS

Loin de ce lieu sacré, retirez-vous, prophanes,
    Prophanes, loin d'icy ;
Les Dieux qui maintenant parlent par nos organes
    Vous l'ordonnent ainsi.

Où le Ciel a partout ses grâces elargies,
    Ne tracez plus vos pas,
Car les severes lois de nos saintes orgies
    Ne le permettent pas.

N'y revenez donc plus que vostre cœur immonde
    Ne soit justifié ;
Il est vray que les feux des plus beaux yeux du monde
    Vous l'ont purifié.

RECIT DES ESCLAVES CONDUISANS LE CHARIOT DE TRIOMPHE DE BACCHUS

AUX REYNES

Reynes, qui du malheur rompez tous les obstacles,
Qui disposez du sort selon vos volontés,
    Beautés qui faites des miracles,
    Redonnez-nous nos libertés.

REFRAIN

    Voyez, insensés,
    A quoy vous pensez ;

Les yeux de ces belles
Aux Rois ont osté
Ceste liberté
Que vous voulez d'elles.

Si les Dieux d'icy-bas craignent vostre puissance,
Et si vos yeux vainqueurs ont triomphé de tous,
    Ce demy-Dieu de vostre France
    Triomphera-t-il devant vous?
    Voyez, insensés, etc.

O folle vanité de l'attente des hommes,
Nous prions les beautés qui vont tout captivant,
    Et ne sentons pas que nous sommes
    Plus enchaisnés qu'auparavant.

    Je pense aujourd'huy,
    N'estre plus celuy
    Que je soulois estre
    Faict dedans ce lieu,
    Esclave de Dieu,
    Compagnon de maistre.
BOIS-ROBERT

RECIT DE BACCHUS

Que me sert d'estre Dieu, c'est en vain que la guerre
    Soumet tout à mes lois,
Puisqu'aujourd'huy les Dieux dessus la terre
    Sont moindres que les Rois.

Tous mes exploits guerriers, si dignes de memoire,
    Se sont esvanoüys,
Depuis le jour qu'on a cogneu la gloire
    Et le nom de Loüys.

Le Ciel veut qu'à sa voix tout l'Univers responde,
  Sous luy tout tremblera ;
J'ay commencé de subjuguer le monde,
  Loüys achèvera.
                              BOIS-ROBERT.

AUTRE RECIT DES ESCLAVES

AUX REYNES

Adorables beautés, dignes de cet Empire,
Que n'avons-nous l'honneur de porter dans ces lieux
En la place des fers où nostre âme souspire,
Ceux par qui vos attraits captiveront les Dieux.

REFRAIN

L'audace de nos vœux estonne tout le monde,
  Leur succès me rendroit jaloux ;
Et pour avoir des fers où tant de gloire abonde,
Je voudrois devenir esclave comme vous.

Engager sa franchise en des chaisnes si belles,
C'est vrayment posseder une felicité :
Si le Ciel autrefois eust fait les nostres telles,
Nous n'eussions jamais plaint nostre captivité.
    L'audace, etc.

AUTRE RECIT DE BACCHUS

AUX REYNES

Vous qui faites à tous la guerre,
Belles merveilles de ces lieux,
Je perds la liberté d'un seul trait de vos yeux,
Moy qui la viens oster aux plus grands de la terre.

REFRAIN

Que nous sommes heureux d'estre sous leur pouvoir,
    Nostre bien ne sçauroit accroistre ;
    Quel plus grand honneur que d'avoir
Pour son rival un Dieu, pour compagnon son maistre ?

    Que j'esprouve toutes les gesnes
    Qui suivent la captivité,
Je ne puis estimer mon immortalité
Que pour vivre à jamais en de si belles chaisnes.
    Que nous, etc.

AUTRES VERS A CHANTER

BACCHUS

    Il n'est point de son
    Si doux à l'oreille,
    Que gaie chanson
    Et vuider bouteille ;
    Car il chasse loin
    De nostre memoire
    La peine et le soin
    Pour nous laisser boire.

    Bouteille de vin,
    Ma chere maistresse,
    A ton jus divin
    Je feray caresse.
    Oste, petit cœur,
    Ta perruque blonde,
    Ta douce liqueur
    Rajeunit le monde.

J'ayme bien le teint
Des lys et des roses,
Pour ce qu'il est peint
De deux belles choses.
Je crois que ces fleurs
Se sont ennyvrées
De ces deux couleurs
Qui sont mes livrées.
             Du Vivyer.

VERS POUR CEUX DU BALLET

POUR MONSIEUR LE COMTE

REPRESENTANT UN COUPEUR DE BOURSES

Partout je raviray vos cœurs,
Beautés de qui les yeux vainqueurs,
Des amours sont la vive source ;
Vous ne pourrez m'en empescher,
Dussiez-vous toutes les cacher
Dedans le fond de vostre bourse.
             Bois-Robert.

POUR LE GRAND PRIEUR

REPRESENTANT UN COUREUR DE NUICT

A quel point m'a reduit l'injustice du sort,
Beautés, dont les rigueurs rendront jusqu'à la mort
    Mes peines continuës.
Je n'ose plus paroistre à la clarté du jour,

Depuis que vos beaux yeux, pour qui je meurs d'amour
    M'ont fait courir les ruës.

Jamais un pauvre amant comblé de passion,
N'eut dedans ses douleurs tant de discretion
    Et de perseverance :
Encor que mes respects causent mes desplaisirs,
Je les mets toutefois avecques mes desirs,
    En esgale balance.

Consumé d'une ardeur que je cache en tous lieux
Et qui ne se voit pas seulement dans vos yeux,
    Quand j'en ay plus d'envie,
Je ressemble à celuy qui, bruslé dans le corps
Par l'effet du tonnerre, apparoît en dehors
    Encore plein de vie.

On recognoit le feu des plus discrets amants,
Mais je cache si bien tous mes ressentimens
    Que chacun les ignore ;
Je ne plains qu'en secret mon malheur sans pareil,
Et borne mes souspirs du coucher du Soleil
    Au lever de l'Aurore.

Encore par respect je n'ose vous nommer,
Je cognoy que le Ciel me force à vous aimer
    Avec trop d'injustice ;
D'ennuy je me consume, et pleure à tout propos,
La Lune qui conduit tout le monde au repos
    Me conduit au supplice.

Je ne parle jamais qu'aux ombres de la nuict,
Lorsque parmy la ville on n'oit point d'autre bruit
    Que celuy des fontaines ;

Si les divinités penetrent dans les cœurs,
Seule vous cognoissez au monde mes langueurs,
    Mes ennuis et mes peines.

De crainte de les voir, la nuict ferme ses yeux,
Et mes destins cruels, qui sont dedans les Cieux
    Marqués par des estoilles,
Confus de l'injustice et des maux qu'ils m'ont faicts,
Cherchent pour se cacher des nuages espais
    Qui leur servent de voilles.

Seul tesmoin de mes maux, tout seul je les ressens;
Si pour cela mes yeux ne sont point languissans.
    Ny mon visage blesme,
Beauté dont la faveur ne se peut meriter,
C'est que dedans mon cœur je vous sçay respecter
    Autant que je vous ayme.
                  Bois-Robert.

POUR MONSIEUR LE DUC DE LONGUEVILLE

REPRESENTANT UN DONNEUR DE SERENADES

    Puisque devant vostre beauté,
    Que je dois respecter et craindre,
    Je n'ay jamais la liberté
    De souspirer ny de me plaindre,
Permettez que mon luth qui se plaint sous mes doigts
    Fasse l'office de ma voix.

    Aux heures qu'un mary s'endort,
    Et que du cœur et des oreilles
    Vous pouvez, sans vous faire tort,
    Recevoir les fruits de mes veilles,

Permettez que mon luth qui se plaint sous mes doigts,
Fasse l'office de ma voix.

Son charme doit estre puissant,
Puisque c'est un Dieu qui l'accorde,
Que d'un ton doux et languissant
Il demande misericorde.
Que ce luth amoureux qui se plaint sous mes doigts,
Fait bien l'office de ma voix.
Bois-Robert.

POUR MONSIEUR LE DUC D'ELBEUF

REPRESENTANT UN DONNEUR DE SERENADES

De peur de vous mettre en courroux,
Je n'ose parler devant vous,
De mon amour extresme ;
Je desguise mes maux, je cache mes ennuis,
Tant que je ne puis plus en l'estat où je suis,
Me cognoistre moy-mesme.

On ne vit jamais un amant
Souspirer si discretement
Les peines de son âme ;
Le Soleil qui voit tout, et qui, dedans les Cieux,
A descouvert l'amour le plus secret des Dieux,
Ne cognoist point ma flâme.

Voyez, comme esloigné du bruit,
Je vante aux ombres de la nuit
Mon amoureux martyre ;

Et mesme comme estant sans espoir de salut,
De peur d'estre cogneu, je fais dire à mon luth
   Ce que je n'ose dire.

   Quand ce fidele truchement
   Vous decouvre si clairement
     Mes amoureuses veilles :
Que ne luy laissez-vous fleschir vostre rigueur,
Et que ne souffrez-vous qu'il touche vostre cœur
     En frappant vos oreilles.
              Bois-Robert.

POUR MONSIEUR LE DUC DE MONTMORENCY

REPRESENTANT UN DESBAUCHÉ POUR LES MASCARADES
   PAR UN HABIT EN BRODERIE DE MASQUES

   Si chacun peut, dedans ces lieux,
   Lire mon amour dans vos yeux,
   Beauté qui ravissez mon âme,
   Et voir mon cœur dans vostre main,
   Je cache mon visage en vain,
   Puisque vous descouvrez ma flâme.

   Je viens, l'œil d'amour embrasé,
   Pour vous seule en ce lieu paroistre,
   Et je ne me suis desguisé,
   Que pour me faire mieux cognoistre.

POUR LE MESME

Depuis que j'ay vescu parmy les envieux,
Et qu'en sa liberté, mon feu devant vos yeux

N'a plus osé paroistre :
Beauté, de qui mon âme adore les appas,
Je me suis desguisé pour vous faire cognoistre
Qu'en sa discretion mon amour ne l'est pas.

J'ay caché par respect mon visage mourant,
Et ma bouche de feu, qui pour vous souspirant.
      Manifestoit ma flâme ;
Il suffit que mes yeux soient demeurés ouverts,
Vous cognoistrez par eux que je suis dedans l'âme
Le plus parfait amant qui soit en l'Univers.
                        Bois-Robert.

POUR LUY-MESME

AUX DAMES

Si j'avois autant de courages
Que je porte icy de visages,
Mon amour seroit imparfait :
Voyez de nos humeurs l'extresme difference !
Je ne trompe qu'en apparence,
Et vous, par vos rigueurs, vous trompez en effet.

Me jurez-vous d'estre propices ?
Aussitost de nouveaux supplices
Me font maudire vostre loy,
Et semble qu'abusant de toutes vos caresses,
Vous ne fassiez point de promesses
Que pour avoir moyen de fausser vostre foy.

Aussi vous faites-vous accroire
Qu'on ne peut avoir de la gloire
Si l'on ne court au changement,

Et feignant d'ignorer la clairté de ma flâme,
　　　　Vous monstrez bien d'avoir en l'âme
Ce que dessus mon corps, je porte seulement.
　　　　　　　　　　　　　　M.

POUR MONSIEUR LE MARESCHAL DE CRÉQUY

REPRESENTANT UN DESBAUCHÉ POUR L'AMOUR

AUX DAMES

　　　　Qu'Amour, ce maistre des vainqueurs,
　　　　Blessast mortellement les cœurs
　　　　Qu'il range dans la servitude,
Je ne l'eusse pas creu ; la raison nous deffend
De penser que les traits dont l'atteinte est si rude
Peussent jamais partir de la main d'un enfant.

　　　　Aussi puis-je bien confesser
　　　　Que du coup qui me vient blesser
　　　　Il n'a point merité le blasme ;
On n'en doit accuser que vos divins appas,
Car le Dieu qui preside au plus beau de mon âme,
Sans vos charmes puissans n'y presideroit pas.

　　　　Mais qui voudroit se garantir,
　　　　Quelque mal qu'il peut ressentir,
　　　　D'estre le prix de leur victoire ?
C'est un bien de sentir l'outrage de vos coups,
Et tout ce qu'un vainqueur peut acquerir de gloire,
Je l'obtiens maintenant d'estre vaincu de vous.

A-t-on veu dans l'antiquité
Quelque chef-d'œuvre de beauté
Qui soit digne de tant de veilles ?
Et ces noms de Venus, de Grâce et de Soleil,
Qui sembloient autrefois depeindre des merveilles,
Peuvent-ils exprimer rien qui vous soit pareil ?

Quant à vos yeux, dont les attraits
Peuvent des moindres de leurs traits
Les plus insensibles atteindre,
Si l'Univers resiste à leur feu vehement,
J'ose bien asseurer que l'on ne doit plus craindre
De le voir succomber par un embrasement.

Pour le regard de vos cheveux,
Ils exigent autant de vœux
Qu'ils tiennent d'âmes enchaisnées;
Et ce teint qui ternit les plus vives couleurs
Et qui doit surmonter l'Empire des années,
Au milieu de l'hiver descouvre mille fleurs.

Le Soleil, en luisant sur nous,
N'est pas moins honteux que jaloux
De voir tant de clairtés nouvelles;
Et maintenant qu'il est esloigné de nos yeux,
S'il n'estoit point forcé par des lois eternelles,
On ne le verroit plus remonter dans les Cieux.

Mais à quoy sert tout ce discours?
Recognoissez en mes amours
Vostre pouvoir incomparable ;
Et voyant tous les traits dont mon cœur est comblé,
Que chacune de vous soit assez favorable
Pour soulager les maux dont je suis accablé.

M'engageant à tous les sujets,
Et mon cœur ayant des objets
Autant que mon œil en contemple,
J'adore en mon esprit toutes leurs qualités,
Comme on vit autrefois que dans un mesme Temple,
Les mortels adoroient toutes les Déités.

         M.

POUR MONSIEUR DE CHALLAIS

REPRESENTANT L'UN DES DESBAUCHÉS POUR LES MASQUES

Je couvre mon visage afin que ma couleur
Ne fasse point juger de ma flamme secrette,
Et je voudrois encore en si forte douleur
Estouffer les soupirs de mon âme discrette.

Mais je ne puis cacher au rayon de vos yeux,
Le poison violent qui glisse dans mes veines ;
Car je sçais bien qu'ils sont de la race des Dieux:
Ils lisent dans les cœurs les plaisirs et les peines.

Je vois bien maintenant où l'amour me reduit :
Vous voulez que j'apprenne à brusler et me taire,
A souspirer tout seul, loin du monde et du bruit ;
Sans l'extreme respect, l'amour ne vous peut plaire.

Mais bien que le flambeau qui nous donne le jour
Fasse voir sa cholere en la face du More,
Cet astre dont le cœur est sensible à l'amour,
Escoute sa priere et souffre qu'il l'adore.

        Du Vivyer.

FIN

LE GRAND
BALLET DE LA REYNE

REPRÉSENTANT

LES FESTES DE JUNON LA NOPCIERE

dansé au Louvre, le 5 de mars de l'an 1623 (1)

---

(1) *Paris, Rene Giffart*, 1623, in-8. L'abbé de Boisrobert est l'auteur de ce ballet.

BALLET DE LA REYNE

LES FESTES DE JUNON LA NOPCIERE

Parce que les Anciens ont faict trois festes remarquables à l'honneur de Junon la Nopciere : celles de l'isle de Samos, les Lupercales et celles d'Elide ; nous en celebrerons la memoire par trois Musiques et trois Ballets, entremeslez de diverses entrées, afin que le tout ensemble en fasse mieux recognoistre les ceremonies.

Les Deitez propices à l'amour y estoient representées. Les Matrones se rendoient les premieres au Temple, où l'espoux venoit seul avec son espousée. L'enchanteur y faisoit couler quelques noueurs d'aiguillettes ; mais l'Hymen les faisoit bien tost disparoistre, et laissoit le bon genie à sa place. Les rivaux de l'espoux y estoient en inquietude, et tel en venoit jusques à la rage.

En Elide on faisoit les festes comme d'une Deesse qui se marioit, auxquelles Iris alloit cherchant Junon, accompagnée d'Harmonie, Deesse des instrumens, pour tesmoigner par leurs accords ceux du mariage.

Aux Lupercales, les maris battoient leurs femmes par ceremonie, afin d'en avoir lignée. Et parce que Pollux et Castor presque tousjours accompagnent Junon, ils y paroissent en signe de bonheur et pour monstrer qu'elle n'est pas esloignée ; mais c'est celle qui la represente maintenant, et qui la surpasse en toutes choses, qui conduict plusieurs Nymphes, la pluspart aussi belles que ceste feinte Deesse.

VERS POUR LE BALLET DE LA REYNE

RECIT DE VENUS ET DES AMOURS

O trop heureux ! ceux qui de nos traits
    Sentent les attraicts ;
  Le temps passe doucement,
A celuy qui le perd en aymant.

L'air et les monts, la mer et les bois
    Esprouvent nos lois ;
  On voit addoucir les maux
Par l'amour des plus fiers animaux.

Les rossignols, si tost qu'il est jour,
    Parlent tous d'amour ;
  Des fleurs l'esmail odorant
Pour Zephir va l'amour respirant.

                                       B.

RECIT D'HARMONIE ET DE SA TROUPPE

EXHORTANT IRIS A CHERCHER JUNON

Cherchons la plus grande immortelle
  Qui regne au firmament ;
La voicy, je la voy, c'est elle ;
  Marchons asseurement.

REFRAIN

Va donc, belle Iris, en tous lieux,
 Va, prompte Deesse,
 Chercher ta maistresse,
 La Reyne des Cieux.

Voyant Jupiter auprès d'elle,
 Nous ne pouvons manquer,
Allons donc d'une âme fidelle,
 Ceste belle invoquer.
   Va donc, etc.

Luy qui nous punit du tonnerre,
 Ou nous prend à mercy,
Aymé du Ciel, craint de la terre,
 Monstre qu'elle est icy.
   Va donc, etc.

Mais non, ceste grandeur supresme
 A plus de majesté ;
Cherchons avec un soin extresme
 Ceste autre Deité.

   A.

AUTRE RECIT

Que souvent nostre âme se trompe !
Non, ce n'est point Junon qui nous vient delaisser.
La voicy qui paroist avecques plus de pompe
Que celle qui vient de passer.

REFRAIN

Venez, adorable puissance,
 Quittez les immortels.

Obligez de vostre presence
Ceux qui reverent vos autels.
Beauté la plus belle du monde,
Grandeur que tous les Dieux font gloire de servir,
Qui voit vos qualitez où tant de grâce abonde,
Voit-il pas son âme ravir ?

RECIT DE JUNON

ACCOMPAGNÉE DES DEITEZ

Je ne suis plus ceste Junon
Pleine de gloire et de renom ;
   Pour deux grandes Princesses
Je perds ma royauté.

REFRAIN DES DEITEZ

L'une de ces Deesses
Vous passe en Majesté ;
   L'autre en beauté.

JUNON

L'une a faict le plus grand des Roys,
L'autre le tient dessous ses loix.
   Pour vous, grande Princesse, etc.

Je n'ay rien veu dedans les Cieux
Qui peust s'esgaler à vos yeux.
   Pour vous, etc.

Le foudre ardent de mon espoux
N'est pas si redouté que vous.
   Pour vous, etc.

LES DEITEZ

Elle fuit quand vous paroissez,
Parce que vous la surpassez,
Et devant vous, Princesse,
Par qui tout est dompté,
La plus grande Deesse
N'a plus de Majesté,
Ny de beauté.

BOISROBERT.

VERS DE LA REYNE REPRESENTANT JUNON

AU ROY

SONNET

Grand Roy, l'honneur du monde et l'effroy de la guerre,
Je suis vostre Junon qu'on adore en tous lieux,
Et vous ostez le nom à ce maistre des Dieux,
Qui fut jadis bravé par les fils de la terre.

Vous lancez de vos mains plus de coups de tonnerre
Que de traits enflammez ne partent de mes yeux;
L'orgueil de nos Titans, qui menaçoient les Cieux,
S'est contre vos efforts brisé comme du verre.

Tous ces Dieux qu'on a feins et qu'on a reverez,
Ont moins esté que vous des hommes adorez,
Et je tire de là je ne sçay quel augure,

Qu'un jour vostre valeur à la posterité,
Sera le sens moral, et la verité pure
Des fables qu'inventa toute l'antiquité.

AUTRES VERS DE LA REYNE

A LA REYNE MERE DU ROY

Vous m'ostez ma gloire et mon nom,
Grande et favorable Junon,
Qui presidez au mariage ;
Puisque c'est de vos mains que je tiens mon espoux,
Ce bonheur asseuré portera tesmoignage,
Qu'il n'est point icy-bas d'autre Junon que vous.

AUTRES VERS DE MADAME

REPRESENTANT IRIS

POUR LA REYNE SA MERE

Qu'on ne s'esmerveille pas
De voir en moy tant d'appas ;
Si l'on y veut prendre garde,
J'ay comme Iris emprunté
Mes couleurs et ma beauté
Du Soleil qui me regarde.

BOISROBERT.

TABLE DES MATIÈRES

CONTENUES DANS LE

TOME DEUXIÈME

Ballet des Argonautes. 1614 1
Ballet des Dix verds. 1614. 11
Ballet dansé à Rome par des cavalliers françois. 1615. 25
Ballets dansés devant le Roy. 1615. . . 37
Ballet du changement des armes. 1615. . 55
Ballet de Madame. 1615. 61
Vers recitez en un Momon. 1616. . . . 91
Discours au vray du ballet dansé par le Roy. 1617. 97
Vers pour le ballet de la Reyne. 1618. . 137
Vers pour le ballet du Roy. 1618. . . . 147
Relation du grand ballet du Roy. 1619. . 161
Discours du ballet de la Reyne. 1619. . . 199
Ballet des Chercheurs de midy à quatorze heures. 1620. 213
Ballet des Fols. 1620. 219

Ballet de Monsieur le Prince. 1620. . .	225
Ballet du Hazard. 1620.	231
Balet dansé en la presence du Roy, en la ville de Bourdeaux. 1620.	243
Ballet de l'Amour de ce temps. 1620. . .	251
Ballet de Monseigneur le Prince, dansé à Bourges. 1621.	261
Sujet du ballet du Roy, fait en la salle du Petit-Bourbon. 1621.	269
Vers du ballet de l'Heure de temps. 1622.	275
L'Aurore et Céphale, ballet dansé à Lyon. 1622.	283
Ballet de Monseigneur le Prince, dansé au Louvre. 1622.	295
Vers pour le ballet des Bacchanales. 1623.	311
Grand Ballet de la Reyne, representant les festes de Junon la nopciere. 1623. . .	347

FIN DE LA TABLE

RARETÉS BIBLIOGRAPHIQUES

Réimpressions, à cent exemplaires seulement, d'ouvrages français anciens.

EN VENTE :

La Bataille fantastique des grands roys Rodilardus et Croacus, plaisante invention d'Homère. Traduction du latin d'Elisius CALENTIUS (Voir le *Manuel*, I, 1473), attribuée à Rabelais. Notice de M. P. LACROIX. 10 fr.

Poésies diverses de Fr. Maynard et Vers inédits du même auteur; annotés par M. Pr. BLANCHEMAIN, de la Société des Bibliophiles françois. . . . . 12 fr.

La Navigation du compaignon à la bouteille, de RABELAIS; avec le *Discours de maistre Hambrelin* (Voir le *Manuel*, IV, 1068.) Notice de PHILOMNESTE junior. . 10 fr.

Les Plaisantes idées du sieur Mistanguet, docteur à la moderne, parent de Bruscambille. (Voir le *Manuel*, I, 1302). Notice de M. Paul LACROIX . . 6 fr.

Les Faictz merveilleux de Virgille... Nouvellement imprimés à Paris, par Guillaume Nyverd (Voir le *Manuel*, II, 1166) Avec une Introduction, par PHILOMNESTE junior. 6 fr.

François Rabelais; par Guillaume COLLETET, de l'Académie françoise. Extrait des *Vies des poëtes françois,* publié par PHILOMNESTE junior . . . 5 fr.

Les Fortunes et adversitez de feu noble homme Jehan Regnier (Voir le *Manuel*, IV, 1187). Notice de M. Paul LACROIX . . . . 16 fr.

S'ensuyt plusieurs belles chansons nouvelles. 1542. Réimpression, avec notes de M. A. PERCHERON . . 8 fr.

Le Grant blason des faulces amours, par Guillaume ALEXIS bénédictin, surnommé le bon Moyne de Lyre. Notice de PHILOMNESTE junior . . . . . 6 fr.

Les Satyres du Sieur du Laurens (sic). Paris, G. Alliot, 1633. Notice de M. P. BLANCHEMAIN . . 8 fr.

Les Amoureux brandons de Franciarque et Callixène, comédie. Paris, 1606. Notice du bibliophile JACOB. 12 fr.

Le Papillon de Cupido, poëme, par Jehan MARTIN, sgr. de Choisy. Lyon, 1543. Notice bibliographique. 7 fr.

SOUS PRESSE :

Les Plaisantes journées du Sieur Favoral, Paris, 1615 ; réimpr. avec une Notice bibliographique.

BALLETS

ET

MASCARADES

DE COUR

1581—1652

Tome II

GENÈVE

J. GAY ET FILS

1868

www.ingramcontent.com/pod-product-compliance
Lightning Source LLC
Chambersburg PA
CBHW070905170426
43202CB00012B/2200